큰별쌤 최태성의 별★별 한국사 ❸ 고려 시대

초판 1쇄 발행 2021년 10월 20일 | 초판 18쇄 발행 2025년 8월 18일
글 최태성 | 그림 김규택 | 연구 별★별한국사연구소 곽승연 이상선 김혜진 | 펴낸이 최순영
교양 학습 팀장 김솔미 | 편집 김희선, 최란경 | 키즈 디자인 팀장 이수현 | 디자인 하늘·민
펴낸곳 (주)위즈덤하우스 | 출판등록 2000년 5월 23일 제13-1071호 | 주소 서울특별시 마포구 양화로 19 합정오피스빌딩 17층
전화 02) 2179-5600 | 홈페이지 www.wisdomhouse.co.kr | 전자우편 kids@wisdomhouse.co.kr

글 ⓒ 최태성, 그림 ⓒ 김규택, 2021
ISBN 979-11-91766-74-5 74910 · 979-11-91766-71-4(세트)

＊이 책의 전부 또는 일부 내용을 재사용하려면 반드시 사전에 저작권자와 ㈜위즈덤하우스의 동의를 받아야 합니다.
＊인쇄·제작 및 유통상의 파본 도서는 구입하신 서점에서 바꿔드립니다.
＊책값은 뒤표지에 있습니다.

일러두기
1. 띄어쓰기와 맞춤법은 국립국어원 표기 원칙에 따랐습니다.
2. 지명, 유물명, 지도와 같은 자료는 주로 초등학교 사회 교과서와 중학교 역사 교과서(비상교육)를 참고하였습니다.
3. 본문에 나오는 책이나 신문의 이름에는 《 》를, 그림이나 글의 제목에는 〈 〉를 붙였습니다.
  단, 그림이나 사진 설명에는 예외를 두었습니다.

③ 고려 시대

큰별쌤 최태성의
별★별
한국사

글 최태성 · 그림 김규택

위즈덤하우스

들어가는 글

안녕? 한국사 길잡이 큰★별쌤이에요.

    요즘 한국사는 영어보다 더 귀한 대접을 받고 있는 듯합니다. 공무원, 공사, 학교, 사기업 할 것 없이 한국사 자격증을 요구하고 있기 때문입니다. 49만 명이 응시하는 대학수학능력시험보다 더 많은 응시생인 53만 명이 응시하는 한국사능력검정시험이 한국사 열풍의 근거라 할 수 있습니다.

    초등학교 역시 예외는 아닙니다. 한국사능력검정시험에 응시할 뿐 아니라 제가 운영하는 유튜브 최태성1tv에서 매주 금요일 라이브 방송이 열리면 초등학생들이 많이 참여합니다. 기특하게도 초등학생들은 점잖게 게시판 예의도 잘 지킵니다.

    역사는 사실을 암기해서 시험 문제를 푸는 과목이 아닙니다. 역사는 사람을 만나는 인문학입니다. 과거의 사람을 마주하며 그 사람의 삶을 통해 자신이 어떻게 살 것인지를 고민하는 지점이 형성되었을 때 비로소 우리는 역사를 배웠다고 할 수 있습니다. 《큰별쌤 최태성의 별★별 한국사》를 집필하면서 여러분들에게 꼭 알려 주고 싶은 것도 이 부분입니다. 또 개별적 사실만을 많이 알고 있는 것보다 하나의 사실을 알더라도 그 사실이 가지고 있는 의미를 자신의 삶에 적용시켜 볼 수 있도록 했습니다. 역사는 과거와 현재의 대화라는 명제를 녹여 보고 싶었습니다.

    예를 들면, 우리나라 최초의 국가 고조선을 이야기하면서 고조선의 건국 이념이 홍익인간이라는 단순한 사실을 알려 주는 데 그치지 않고, 누군가에게 도움을 주기 위해, 세상을 더 건강하게 만들기 위해 세워진 나라가 고조선이라는 점을 이야기하고 싶었습니다. 우리나라 출발이 그러한 역사를 가지고 있으니 이 책을 읽는 여러분들 역시 어떤 도움을 줄 수 있을지 고민해 보자고 이야기하고 싶었습니다.

학생들에게 꿈을 물어보면 예외 없이 판사, 의사, 변호사, 교사처럼 명사로만 답을 합니다. 그러나 명사로 답한 꿈은 그저 직업일 뿐입니다. 그 직업을 가지고 자신이 누군가에게 어떤 도움을 줄 수 있을지 고민하고 실천하는 동사의 꿈을 이야기해 주면 좋겠습니다. 사람이 사람다워짐은 바로 연대하고 협력하는 모습일 때라는 걸 잊지 말았으면 합니다.

이 책은 꿈을 꾸었던 과거의 사람들을 만나면서 자신의 꿈도 동사로 만들어 가는 여러분들의 모습을 상상하며 설레는 마음으로 썼습니다. 역사적 사실을 차분하게 알려 주면서, 사실들의 여백 속에 동사의 꿈을 자극하고 영감을 줄 수 있는 글을 채우려 노력했습니다.

이 책을 읽은 여러분들이 한국사능력검정시험에 도전해 보면 좋겠습니다. 또 책을 읽으면서 역사를 바라보는 건강한 시선을 갖추면 좋겠습니다. 여러분들이 건강한 시민으로 성장하면, 여러분들이 이끌 대한민국은 더 사람 내음 나는 행복한 세상이 될 겁니다.

아무쪼록 재미있게, 의미있게 《큰별쌤 최태성의 별★별 한국사》를 즐겨 주길 바라며, 이 책을 읽는 여러분들의 건강한 성장을 응원하며 글을 마칩니다.

한국사 길잡이 큰별쌤 최태성 올림

차례

1. 고려의 건국과 발전 · 10

호족의 성장 · 12
후삼국의 성립 · 14
고려의 건국 · 16
태조 왕건의 정책 · 18
광종과 성종의 정치 · 20

큰★별쌤 한판 정리 · 22
큰★별쌤 별별 퀴즈 · 24
큰★별쌤 별별 특강 · 26
도전! 한국사능력검정시험 · 28

2. 국제 정세의 변화와 정치의 동요 · 30

거란의 침입 · 32
문벌의 성장 · 34
여진과의 전쟁 · 36
문벌 사회의 동요 · 38

큰★별쌤 한판 정리 · 40
큰★별쌤 별별 퀴즈 · 42
큰★별쌤 별별 특강 · 44
도전! 한국사능력검정시험 · 46

3. 무신 정권의 성립과 몽골의 침략 · 48

무신 정변 · 50
무신 정권의 성립 · 52
몽골의 침략 · 54
원 간섭기 · 58
공민왕의 개혁 · 60

큰★별쌤 한판 정리 · 62
큰★별쌤 별별 퀴즈 · 64
큰★별쌤 별별 특강 · 66
도전! 한국사능력검정시험 · 68

4. 고려의 경제와 사회 · 70

- 대외 교류 · 72
- 벽란도 · 74
- 화폐 · 75
- 신분 제도 · 76
- 가족 제도 · 77

큰★별쌤 한판 정리 · 78
큰★별쌤 별별 퀴즈 · 80
큰★별쌤 별별 특강 · 82
도전! 한국사능력검정시험 · 84

5. 고려의 문화 · 86

- 불교의 발전 · 88
- 고려청자 · 92
- 인쇄술의 발달 · 94

큰★별쌤 한판 정리 · 98
큰★별쌤 별별 퀴즈 · 100
큰★별쌤 별별 특강 · 102
도전! 한국사능력검정시험 · 104

정답 · 106
찾아보기 · 107
사진 제공 · 108

★ 책 구성 소개

역사는 사람입니다. 역사 속 사람들의 삶과 지금 우리의 삶이 다르지 않다는 것을 한국사 여행을 통해 배웁니다. 큰별쌤과 함께 신나는 한국사 여행을 떠나 볼까요?

★ 각 단원에서 다룰 내용을 간추려 **핵심 내용만 요약**했어요.
★ 각 단원에 있는 **QR 코드**로 최태성 선생님의 강의를 들을 수 있어요.

★ 꼭 알아야 할 핵심 단어와 핵심 문장을 **제목으로** 구성해 **역사 흐름이 한눈에** 보여요.

500만 수강생이 들은 한국사 1타 강사 최태성 선생님이 핵심만 쏙쏙!

무신 정변 ★ 무신들이 권력을 잡다

무신 정권의 성립 ★ 혼란이 계속되다

몽골의 침략 ★ 몽골의 침략에 저항하다

고려가 혼란의 시기를 겪고 있을 때 **몽골**은 여러 부족을 통일하면서 세력을 키웠어. 몽골은 고려에 사신을 파견해 막대한 공물을 요구했는데, 파견되었던 몽골

큰★별쌤 한판 정리

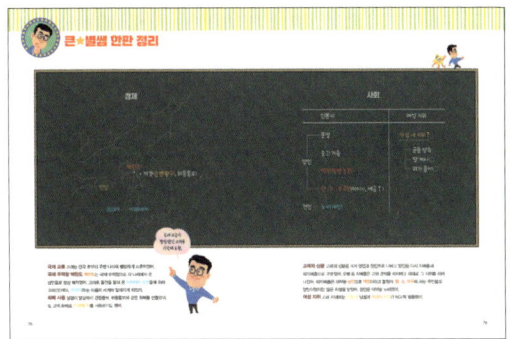

★ 한판 정리로 깔끔하게 한국사를 정리해요.

큰★별쌤 별별 퀴즈

★ 별별 퀴즈로 공부한 내용을 확인해요.

큰★별쌤 별별 특강

★ 역사 속 사람들을 통해 살아 있는 역사를 만나요.

도전! 한국사능력검정시험

★ 한국사능력검정시험 기출문제에 도전해 보아요.

최고예요!

큰별쌤과 함께라면 한국사 어렵지 않아요!

1. 고려의 건국과 발전

고구려, 백제, 신라는 한반도의 주도권을 차지하기 위해 서로 치열하게 경쟁했어. 그 경쟁에서 신라가 승리하며 삼국을 통일했지. 삼국을 통일한 신라는 늘어난 영토와 인구를 바탕으로 번영을 누리며 화려한 문화를 꽃피웠어.

하지만 잘나가던 신라도 내리막길을 걷기 시작했단다. 신라는 폐쇄적인 신분제 때문에 인재를 제대로 뽑지 못했어. 신라 말 진골 귀족은 나라의 발전보다 자신의 권력을 유지하는 데만 관심을 갖고 백성을 수탈하기에 바빴어.

6두품은 아무리 능력이 뛰어나도 높은 관직에 오를 수 없었지. 결국 6두품과 백성들은 나라에 등을 돌렸고 새로운 세상을 꿈꾸는 세력들이 생겨나면서 신라는 무너졌단다.

이러한 혼란을 딛고 새롭게 들어선 나라가 고려야. 고려가 어떻게 건국되었고, 어떤 모습으로 발전해 나갔는지 살펴보자.

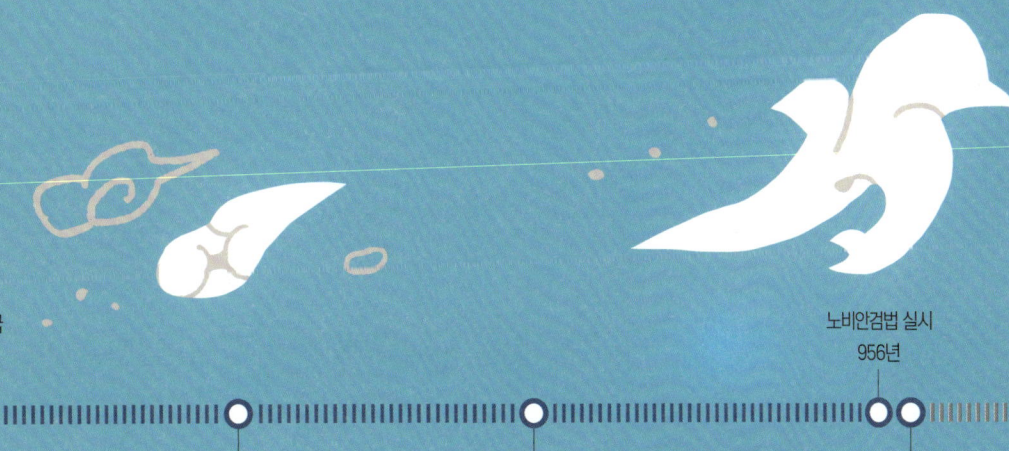

후고구려 건국
901년

900년
후백제 건국

918년
고려 건국

936년
고려의 후삼국 통일

노비안검법 실시
956년

958년
과거제 실시

호족의 성장 ★ 새로운 사회를 꿈꾸다

   신라 말 귀족들의 왕위 다툼으로 정치는 혼란스럽고 왕권은 추락했지. 중앙 정부의 힘이 약해지자, 지방에서 새로운 정치 세력인 **호족**이 성장하여 독자적인 세력을 이루었어. 호족은 자신의 군대를 기반으로 성을 쌓고 스스로 '성주' 또는 '장군'이라고 부르며 지방 백성들을 다스렸지.

   이런 호족들과 힘을 합친 사람들이 있었어. 바로 6두품 세력이야. 그들은 골품제라는 신분 제도에 가로막혀 자신의 능력을 제대로 발휘할 수 없었지. 6두품 중 일부는 당에 유학을 갔다가 신라로 돌아와 골품제를 비판하며 사회를 개혁하고자 했어. 하지만 진골 귀족이 반대하며 개혁안을 받아들이지 않자, 호족과 힘을 합쳐 새로운 사회를 건설하고자 했단다.

최치원은 6두품 출신으로 당에 유학하여 문장가로 이름을 떨쳤어. 혼란한 시기에 신라로 돌아온 최치원은 당시 진성 여왕에게 '시무 10조' 개혁안을 올렸으나 진골 귀족들이 반대하여 이룰 수 없었지. 이후 최치원은 관직을 버리고 전국을 다니며 많은 글을 남겼다고 해.

최치원

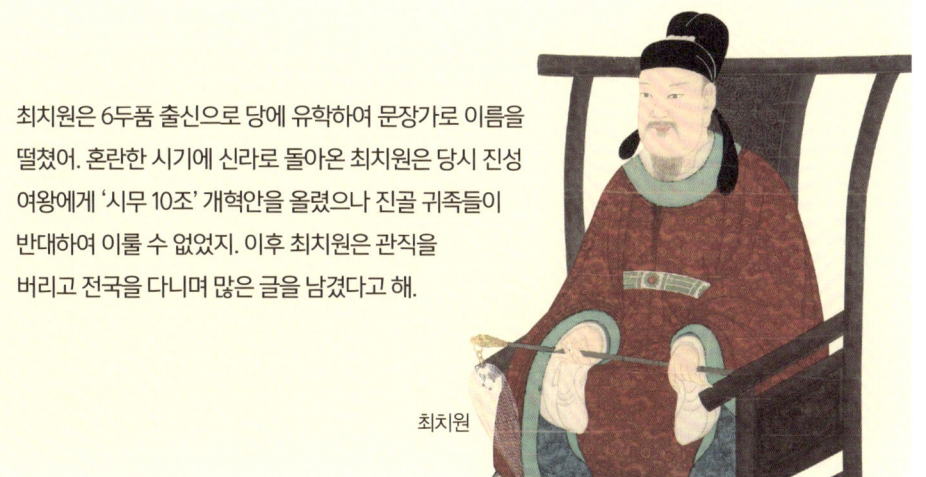

여긴 내가!

호족들이 각자 성을 쌓고 세력을 키웠구나.

후삼국의 성립 ★후백제와 후고구려가 세워지다

지방 호족들 중에서 궁예와 견훤은 세력을 키워 **견훤**은 **후백제**를, **궁예**는 **후고구려**를 세웠어. 후고구려, 후백제, 그리고 신라로 이루어진 **후삼국 시대**가 열리게 된 거야.

견훤이 세운 나라의 이름은 원래 백제야. 훗날 사람들이 삼국 시대의 백제와 구분하기 위해 후백제라고 부른 거지. 견훤이 세운 백제는 지금의 전주인 완산주를 도읍으로 정하고 옛 백제의 영토였던 전라도, 충청도, 경상도 서쪽 지역 대부분을 차지했어.

궁예 역시 옛 고구려의 영토였던 경기도, 황해도, 충청도, 강원도 지역을 손안에 넣으면서 지금의 개성인 송악을 도읍으로 정했어. 후백제와 마찬가지로 훗날 사람들이 삼국 시대의 고구려와 구분하기 위해 후고구려라고 불렀단다. 세력을 키운 사람들이 제각각 나라를 세웠다니, 신라 왕실의 힘이 얼마나 약해졌는지 짐작할 수 있겠지?

처음에는 궁예가 세운 후고구려의 힘이 강력했단다. 궁예는 수도를 송악에서 철원으로 옮기고, 능력 있는 사람을 등용하고 왕권을 강화했어. 그런데 이후 궁예는 관심법으로 사람의 마음을 들여다볼 수 있다며 자신의 말에 반대하거나 의심되는 사람들을 마구 죽이는 바람에 민심을 잃게 됐지. 결국 신하들은 궁예를 쫓아내고 **왕건**을 왕으로 추대했단다.

궁예는 왕권을 강화하려고 너무 욕심을 부렸어.

고려의 건국 ★ 후삼국을 통일하다

왕위에 오른 왕건은 나라 이름을 **고려**라고 하고 도읍을 철원에서 송악으로 옮겼어. 고려라는 이름에 고구려를 계승한다는 의미를 담았지.

후삼국을 통일하기 위해 고려는 신라와 좋은 관계를 유지했어. 하지만 후백제와는 대립했지. 왕건과 견훤은 지금의 대구 지역인 공산에서 처음으로 부딪쳤어. 왕건이 후백제의 공격을 받은 신라를 도와주러 가는 길에 맞붙은 거야. 이때 왕건은 거의 죽을 뻔하다가 살아났어. 게다가 아끼는 부하들도 많이 잃었지.

이후 왕건은 군사를 훈련시키고 호족들을 포섭하는 등 힘을 길렀어. 그리고 삼 년 만에 다시 후백제와 고창에서 맞붙어 크게 승리했단다. 고창은 지금의 안동 지역인데, 여기에서 벌어진 전투 이후에 견훤의 기세는 한풀 꺾였어. 그러자 왕위 계승에 불만을 품은 견훤의 첫째 아들 신검이 견훤을 금산사에 가두고 권력을 장악했지. 견훤은 금산사를 탈출하여 고려의 왕건을 찾아갔어. 왕건은 견훤을 후하게 대접했지.

반면 후백제와 후고구려가 싸우는 동안 신라는 속수무책으로 힘이 빠지고 있었어. 결국 신라의 경순왕은 스스로 고려에 항복했단다. 천 년을 이어 온 신라가 허무하게 무너지고 만 거야.

견훤과 손을 잡은 왕건은 후백제를 정복하러 나섰어. 신검의 군대는 필사적으로 대항했지만 일리천 전투에서 패배하면서 후백제는 멸망하고 말았어.
이렇게 고려가 후삼국을 **통일**하면서 우리나라 역사에서
두 번째 통일이 이루어졌지. 고려는 발해가 멸망하자
고구려의 후손인 발해 유민도 받아들이며
민족의 재통일을 이루었단다.

첫 번째 통일은
신라인 거 알지?

태조 왕건의 정책 ★호족 포섭을 위해 노력하다

태조 왕건 동상 민족의 재통일을 이룬 고려는 황제의 나라임을 자처하였어. 황제만이 쓰는 관을 쓰고 있는 태조 왕건 동상에는 이런 고려의 천하관이 드러나 있지.

고려는 여러 호족들의 도움으로 세워진 나라였어. 호족들의 군사력이 뒷받침되지 않았다면 고려는 후삼국을 통일하지 못했을 거야.

고려를 세운 태조 왕건에게는 이러한 호족 세력을 자기편으로 끌어들이는 동시에 견제하는 것이 큰 숙제였지. 그래서 태조는 힘센 호족과 혼인 관계를 맺거나 왕씨 성을 내려 주는 사성 정책을 실시하여 호족 세력을 포섭하는 한편, 호족의 아들을 수도 개경에 머물게 하여 볼모로 삼는 기인 제도로 호족 세력을 견제했어.

태조 왕건은 백성들의 생활을 안정시키기 위해 세금을 줄여 주고 가난한 백성들을 구제했어. 또 고구려의 수도였던 서경(평양)을 발판 삼아 북쪽으로 영토를 넓혀 갔단다. 고려가 고구려를 계승한다는 것을 확실히 보여 준 거지. 이처럼 태조 왕건은 민심을 수습하고 분열된 사회를 통합하기 위해 노력하였어.

호족들의 딸을 아내로 맞이하는 결혼 정책을 펼쳤기 때문에 태조에게는 부인이 무려 29명이나 있었어. 자식은 무려 34명이나 되었고 그중 아들은 25명이었지. 왕건은 자신이 죽고 나면 아들끼리 왕위 다툼을 하지 않을까 걱정했어. 그래서 유언으로 후대 왕들이 지켜야 할 가르침을 열 가지로 정리한 **훈요십조**를 남겼단다.

훈요십조

제1조 불교의 힘으로 나라를 세웠으니 불교를 숭상하도록 하라.

제2조 도선의 풍수 사상에 따라 사찰을 세우고, 함부로 짓지 말라.

제3조 왕위는 장자가 이어받도록 하되 장자가 마땅치 않을 경우 인망 있는 자가 잇도록 하라.

제4조 거란과 같은 나라의 풍속을 따르지 말라.

제5조 서경을 중시하고, 1년에 100일 이상 머물러라.

제6조 연등회와 팔관회를 소홀히 하지 말라.

제7조 왕은 공평하게 일을 처리하여 민심을 얻으라.

제8조 차령산맥 이남 지역의 사람들은 등용하지 말라.

제9조 관리들에 대한 대우를 공평하게 하라.

제10조 경전과 역사를 잘 읽어서 옛날을 거울삼아 현재를 경계하라.

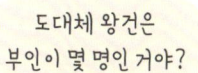

도대체 왕건은 부인이 몇 명인 거야?

난 열 번째 부인.

광종과 성종의 정치
★ 왕권을 안정시키고 체제를 정비하다

왕건의 유언에도 불구하고 왕건이 죽자 호족들은 서로 자신의 딸이 낳은 아들을 왕위에 올리고자 다투기 시작했어. 이렇게 왕위 다툼으로 혼란스러운 상황 속에서 고려의 네 번째 왕으로 왕건의 셋째 아들인 광종이 즉위했지.

광종은 왕권 강화를 가장 큰 목표로 삼았어. 왕이 중심이 되어 정치를 펼치기 위해서는 무엇보다 호족의 힘을 약화시켜야 했지. 광종은 먼저 **노비안검법**을 시행했어. '안검'은 살피고 검사한다는 뜻이야. 다시 살피고 조사해서 억울하게 노비가 된 사람들을 양인으로 풀어 주는 법이지.

광종은 왜 노비안검법을 가장 먼저 시행했을까? 호족은 자신이 소유한 노비를 언제든지 군사로 전쟁에 내보낼 수 있었어. 따라서 노비가 많을수록 호족의 군사력도 강했지. 왕이 통제하지 못하는 군사를 호족이 데리고 있다는 건 상당히 위협적인 일이었어. 그래서 호족이 불법적으로 소유한 노비들을 양인으로 풀어 줘 호족의 힘을 약화시키고자 한 거야. 게다가 노비는 세금을 내지 않지만 양인은 세금을 내기 때문에 양인의 수가 늘어나면 국가 재정에도 도움이 되었어.

또 광종은 **과거제**를 실시해 신분이 아닌 실력을 갖춘 사람을 관리로 뽑고자 했어. 신라는 골품제 때문에 진골 귀족이 아니라면 실력이 뛰어나도 높은 관직에 오를 수 없었잖아? 고려 시대에 과거제가 실시되면서 실력이 있다면 고위 관직에 오를 수 있는 길이 열리게 된 거야. 이렇게 과거를 통해 관리가 된 신하들은 왕에게 충성을 다했어. 당연히 호족들은 이러한 광종의 개혁 정치를 반대했어. 광종은 그런 호족들을 가차 없이 숙청하며 왕권을 강화하는 한편, 자신을 황제로 부르게 하고 광덕, 준풍 등의 독자적인 연호를 사용하여 나라의 위상을 높였단다.

강화된 왕권을 바탕으로 성종은 안정된 정치를 펼칠 수 있었지. 성종은 유교의 정치사상을 통치의 근본이념으로 삼고 나라를 다스리고자 했어. 그래서 최승로가 건의한 **시무 28조**를 바탕으로 통치 체제를 정비했단다. 또 지방에 12목을 설치하고 지방관을 파견하였지. 지방관을 파견하면 중앙의 명령이 지방에 잘 전달될 수 있어 지방을 통제하고 왕권을 강화할 수 있었어. 그리고 유학 교육을 위해 개경에 국자감을 설치하고 연등회, 팔관회와 같은 행사의 규모를 줄여 나라의 재정이 낭비되지 않도록 하였지. 이러한 노력으로 고려는 중앙 집권 체제를 강화하며 안정기에 접어들 수 있었단다.

큰★별쌤 한판 정리

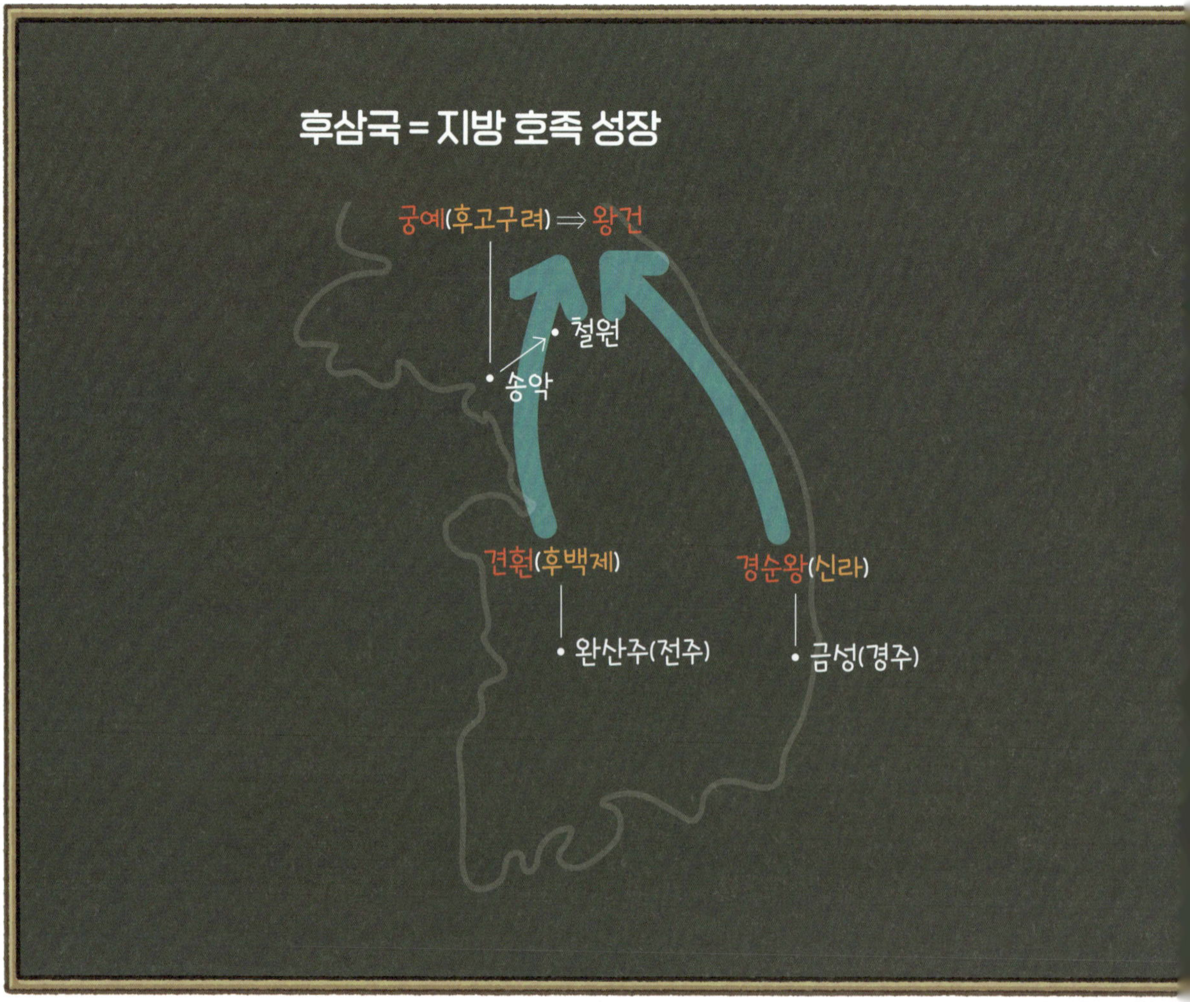

후삼국 = 지방 호족 성장

- 궁예(후고구려) ⇒ 왕건
- 철원
- 송악
- 견훤(후백제) · 완산주(전주)
- 경순왕(신라) · 금성(경주)

호족 세력의 성장 신라 말 지방에서 호족 세력이 성장했어.
후삼국 시대 궁예가 후고구려를, 견훤이 후백제를 세우면서 후삼국 시대가 시작됐어.
고려 건국 궁예가 폭정을 일삼자 신하들은 궁예를 쫓아내고 왕건을 왕으로 추대했어.
후삼국 통일 신라 경순왕이 고려에 나라를 넘기고 일리천 전투에서 고려가 후백제에 승리하면서 고려가 후삼국을 통일했어.

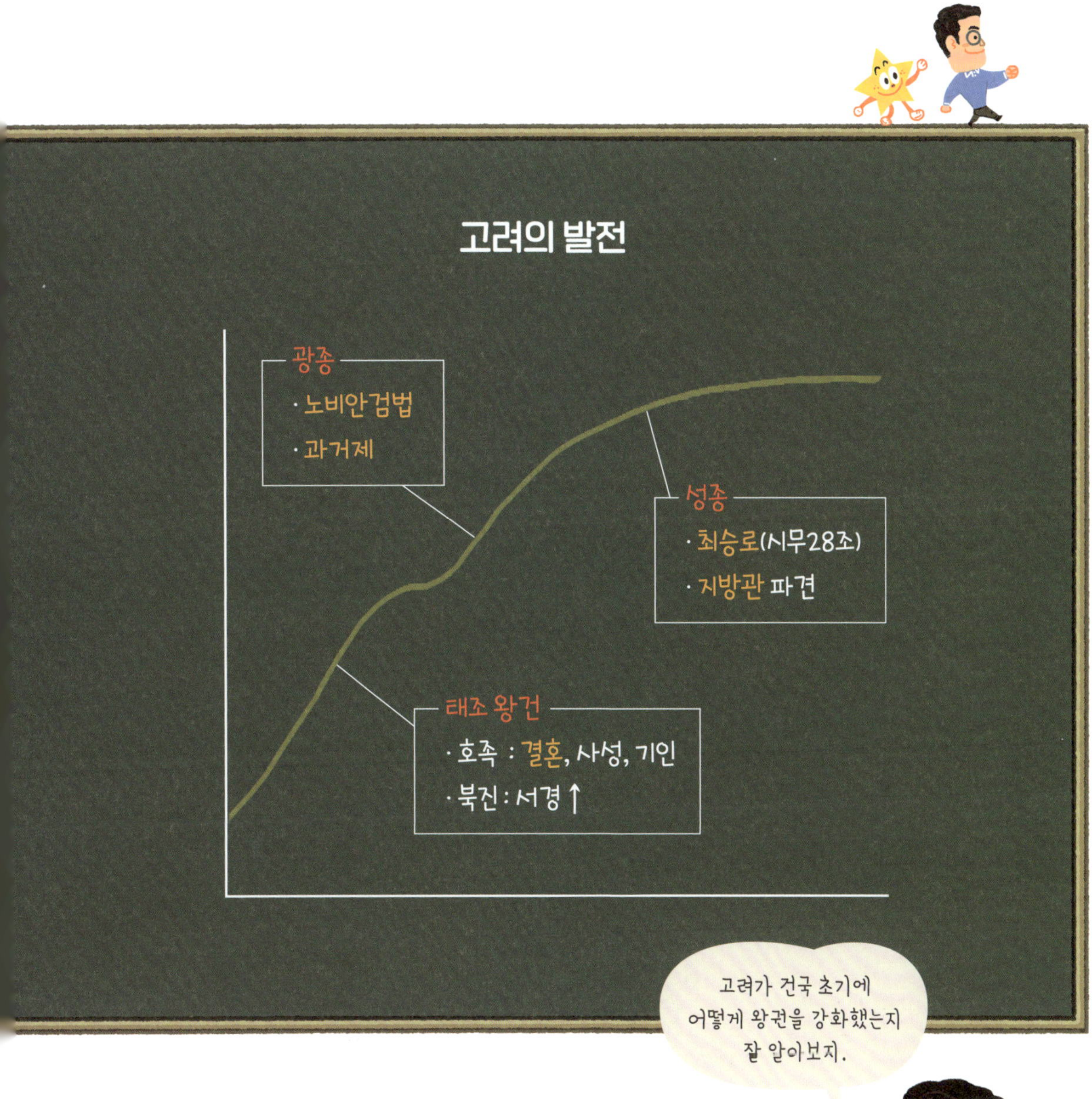

고려의 발전

- **광종**
  - 노비안검법
  - 과거제
- **성종**
  - 최승로(시무28조)
  - 지방관 파견
- **태조 왕건**
  - 호족 : 결혼, 사성, 기인
  - 북진 : 서경↑

고려가 건국 초기에 어떻게 왕권을 강화했는지 잘 알아보자.

왕건의 왕권 강화 태조 왕건은 호족 세력을 포섭하기 위해 결혼과 사성 정책을 펼치는 한편, 호족을 견제하기 위해 기인 제도를 실시했단다.
광종 광종은 왕권을 강화하기 위해 노비안검법과 과거제를 실시했어.
성종 성종은 최승로가 건의한 시무 28조를 받아들이고 지방관을 파견하는 등 통치 체제를 정비하고 중앙 집권 체제를 강화했어.

큰★별쌤 별별 퀴즈

1. ★ 안에 들어갈 알맞은 말을 써 볼까요?

- 신라 말 지방에서 스스로 성주, 장군이라 하며 독자적으로 군대를 보유한 ★★ 이 등장하였다.

- 견훤은 완산주를 도읍으로 후백제를, ★★ 는 송악을 도읍으로 후고구려를 세웠다.

- 궁예가 왕위에서 쫓겨난 후 왕건이 왕으로 추대되어 ★★ 를 세웠다.

2. 고려의 왕과 주요 정책을 선으로 연결해 볼까요?

태조 •　　　　　• 지방에 12목을 설치하고 지방관을 파견했다.

성종 •　　　　　• 시험을 통해 관리를 선발하는 과거제를 실시했다.

광종 •　　　　　• 호족들에게 왕씨 성을 내려 주는 사성 정책을 실시했다.

3. 큰★별쌤이 설명하고 있는 사람은 누구일까요?

성종에게 시무 28조를 건의하여 유교 정치사상을 통치 이념으로 삼고 체제를 정비하는 등 고려 왕조의 기초를 다지는 데 기여했어.

최씨였던 거 같은데…….

① 견훤　　② 최승로　　③ 최치원　　④ 왕건

큰★별쌤 별별 특강

사회를 개혁하려고 했던 최치원, 최승우, 최언위

  신라 말 왕위 다툼으로 왕권은 약화되고 사회는 혼란스러웠어. 진골 귀족들은 권력을 장악하고 백성을 수탈하기 바빴지. 그러자 신라 사회 곳곳에서 불만이 터져 나오기 시작했단다. 특히 관직 승진에 제한을 받았던 6두품은 진골 위주의 사회 체제에 큰 불만을 가지기 시작했어. 6두품 중에서는 골품제의 한계를 극복하고자 당에 유학하는 사람들이 많았어. 당에서 공부한 신라 6두품들은 개인의 능력보다 혈통을 중시하는 골품제를 앞장서 비판하고 신라 사회의 개혁을 요구했지.
  이른바 '신라 3최'라고 불리는 최치원, 최승우, 최언위는 모두 6두품 출신으로 당에서 유학하여 빈공과에 합격하였지. 빈공과는 당에 머무는 외국인들이 치르는 과거 시험이야. 하지만 이들이 걸어간 길은 서로 달랐단다.

  누구보다 6두품의 한계를 잘 알았던 최치원의 아버지는 12세의 어린 아들을 당으로 유학 보냈어. 당으로 간 최치원은 졸음을 쫓기 위해 상투를 매달고 가시로 살을 찌르며 공부했다고 전해질 만큼 열심히 공부하여 유학한 지 6년 만인 18세에 빈공과에 합격했어. 최치원은 황소의 난이 일어나자 '토황소격문'이라는 글을 지었는데, 이 글을 본 당시 사람들은 황소의 난을 진압한 것은 칼이 아니라 최치원의 글이라며 칭송했어. 당의 황제도 최치원에게 상을 내릴 정도였지. 이렇게 당에서 문장가로 이름을 날리던 최치원은 신라로 돌아와 신라 사회의 문제점을 바로잡기 위해 진성 여왕에게 시무 10조의 개혁안을 올렸어. 하지만 진골 귀족의 반대로 개혁안이 받아들여지지 않자 최치원은 현실 정치를 떠나 신라 곳곳을 떠돌다 세상을 떠났다고 전해져.

후삼국 통일이 필요해!

최승우는 당에 유학한 지 3년 만에 빈공과에 합격하고 당의 관리로 일하였지. 당에서 문장가로 이름을 날렸던 최승우는 귀국 후 곪을 대로 곪은 신라의 상황에 절망하여 견훤을 찾아갔어. 이후 최승우는 정책이나 전략을 제시하는 책사가 되어 외교 문서를 작성했지. 견훤을 대신해 왕건에게 보낸 서신에는 후삼국 통일에 대한 최승우의 강한 의지가 드러나 있단다. 하지만 안타깝게도 이후 최승우의 행적은 알려진 게 없어.

새 나라 고려에서 내 뜻을 펼치겠어!

최언위는 최치원의 사촌으로 최치원과 함께 유학길에 올랐어. 빈공과에 장원 급제하여 당에서 벼슬을 지내던 최언위는 신라 경순왕이 왕건에게 신라를 바치자 고려로 갔단다. 이후 최언위는 고려에서 나라의 중요한 문서를 담당하는 관리로 활약했고 태자를 가르칠 정도로 태조 왕건의 신임을 받았어. 고려 궁궐의 이름은 모두 최언위가 지었다는 기록이 있을 정도지. 최언위는 태조 이후에도 계속 벼슬을 지내다 혜종 1년 77세의 나이로 세상을 떠났어.

최치원은 끝까지 신라를 개혁하고자 하였고, 최승우는 후백제 견훤의 책사가 되어 후삼국 통일을 꿈꾸었고, 최언위는 고려의 관리가 되어 왕건을 도왔지. 이들은 비록 서로 다른 길을 걸었지만 시대의 문제점을 인식하고 새로운 시대를 열기 위해 노력했어. 이처럼 현실의 모순을 극복하고자 했던 사람들이 있었기에 세상은 발전할 수 있었을 거야.

도전! 한국사능력검정시험

★ 초급 44회 13번

1. (가)의 업적으로 옳은 것은?

이 왕릉은 고려를 세운 (가) 이/가 묻힌 현릉이에요. 그는 호족을 포용하고 북진 정책을 추진했어요.

① 훈요 10조를 남겼다.
② 한양에 도읍을 정하였다.
③ 노비안검법을 실시하였다.
④ 전민변정도감을 설치하였다.

★ 초급 46회 9번

2. 밑줄 그은 '나'에 해당하는 인물로 옳은 것은?

① 견훤
② 궁예
③ 신돈
④ 왕건

나는 송악에서 후고구려를 세웠지. 그 뒤에 철원으로 도읍을 옮기고 나라 이름을 태봉이라 바꿨어.

★★★ 기본 47회 10번
3. 다음 가상 영화에서 볼 수 있는 장면으로 적절하지 않은 것은?

① #1 진포에서 왜구를 물리치는 최무선
② #2 왕위에서 쫓겨나는 궁예
③ #3 고려에 항복하는 경순왕
④ #4 일리천 전투에서 패배하는 신검

★★★ 기본 48회 11번
4. 다음 역사 다큐멘터리의 제목으로 가장 적절한 것은?

① 광종, 왕권 강화를 도모하다.
② 인종, 서경 천도를 계획하다.
③ 태조, 북진 정책을 추진하다.
④ 현종, 지방 제도를 정비하다.

2 국제 정세의 변화와 정치의 동요

500여 년의 역사 동안 고려는 끊임없이 외적의 침입을 겪었어. 당시 중국에는 송, 거란, 여진 등이 세력을 키우고 있었기 때문에 중국과 맞닿아 있는 고려는 그 영향을 받을 수밖에 없었지.

10~11세기에 거란은 여러 번에 걸쳐 고려를 침입했어. 고려는 거란의 침입을 막아 낸 후 안정을 이루는 듯했지만 12세기에 다시 여진의 침입을 받았단다. 고려는 권력을 장악하고 있는 지배층에 따라 외적의 침입에 대한 대응도 달랐어.

고려가 외적의 침입에 어떻게 대응했는지, 어떠한 변동을 겪었는지 궁금하지 않니? 지금부터 알아보자!

- 993년 서희의 외교 담판
- 1107년 윤관의 여진 정벌
- 이자겸의 난 1126년
- 1135년 묘청의 서경 천도 운동

거란의 침입 ★ 거란의 침입을 막아 내다

고구려를 계승한다는 뜻을 분명히 한 고려는 건국 초부터 고구려 옛 영토를 회복하고자 북진 정책을 추진했어. 지금의 평양인 서경을 북진 정책의 기지로 삼고 영토를 확장하였지.

고려는 발해 유민을 받아들이는 한편 발해를 멸망시킨 거란을 배척하는 정책을 펼쳤어. 반면 중국을 통일한 송과는 활발하게 교류하며 송의 발달된 문물을 받아들였지.

송을 공격할 계획을 갖고 있던 거란은 고려가 송과 가깝게 지내자 송과 고려의 관계를 끊기 위해 993년에 고려를 침략했어.(거란의 1차 침입) 거란의 목적을 알아챈 고려의 **서희**는 거란의 장수 소손녕과 담판을 벌여 거란과 교류할 것을 약속하고 큰 싸움 없이 거란군을 물러나게 했지. 그뿐 아니라 압록강 동쪽의 **강동 6주**를 얻어 내어 압록강까지 영토를 확장했어.

이후 거란은 1010년에 다시 고려를 침략했어.(거란의 2차 침입) 이때 고려는 수도 개경이 함락되어 왕이 피란을 가야 할 정도로 어려움을 겪었어. 하지만 고려의 무신 양규 등의 활약으로 결국 거란군을 물리쳤지.

그로부터 8년 후 거란은 또다시 대규모 군사를 이끌고 침입해 왔어.(거란의 3차 침입) 하지만 이번에도 흥화진과 귀주에서 강감찬이 이끄는 고려군에 크게 패배하여 돌아갔단다. 거란의 침략을 물리친 고려는 이후 압록강에서 동해안에 이르는 국경 지역에 **천리장성**을 쌓아 북방 민족의 침입에 대비했어.

★ 큰별쌤 별별 정보 ★

거란의 3차 침입 때 강감찬의 나이는 71세였다고 해. 강감찬은 소가죽을 연결하여 강물을 막아 놓고 거란군을 기다렸다가 거란군이 강을 건너려 할 때 강물을 터 거란군을 강물에 휩쓸어 버렸지. 이 전투가 바로 흥화진 전투야. 또 귀주 동쪽 벌판에서는 바람이 거란군 쪽으로 불 때 화살을 퍼부어 큰 승리를 거두었지. 이 전투가 유명한 귀주 대첩이야. 거란의 10만 군사 중 귀주 대첩에서 살아 돌아간 군사는 수천 명에 불과했다고 해.

강감찬은 뛰어난 전략가!

강감찬 장군 동상 강감찬 장군이 태어난 날 하늘에서 큰 별이 떨어졌다 하여 강감찬이 태어난 곳을 낙성대라고 불렀다고 해.

문벌의 성장 ★ 문벌의 나라가 되다

고려 초기 지배층을 이루었던 지방 호족과 신라 6두품 출신의 유학자 중 대대로 고위 관리를 배출한 가문을 **문벌**이라고 한단다. 고려 문벌은 각종 특권을 누리며 권력을 강화하였어.

고려 광종 때 과거제가 시행되면서 실력을 통해 관직에 나아갈 수 있는 길이 열렸지만 여전히 5품 이상의 고위 관리의 자손은 **음서제**를 통해 시험을 거치지 않아도 관직에 오를 수 있었어. 한마디로 할아버지나 아버지가 높은 관직에 있으면 그 자손들은 과거 시험을 보지 않고 벼슬을 할 수 있는 특혜가 있었던 거야.

고려 문벌은 모든 특혜를 누렸구나~.

고려에서는 전시과 제도를 마련해서 관리들이 관직에 복무하는 대가로 관리의 등급에 따라 곡식을 얻을 수 있는 '전지'와 땔나무를 얻을 수 있는 '시지'라는 토지를 지급하였어. 이렇게 지급 받은 토지는 관직에서 물러나면 나라에 반납하는 것이 원칙이었지. 하지만 5품 이상의 고위 관리나 나라에 공을 세운 공신들한테 지급하는 토지인 **공음전**은 대대손손 물려줄 수 있었단다.

고려 문벌은 이러한 음서제와 공음전 등의 특권을 누리며 권력과 부를 확대해 나갔어.

청자 오리 모양 연적 먹을 갈 때 쓰는 물을 담아 두는 연적으로, 고려 문벌 귀족의 세련된 문화를 엿볼 수 있어.

은제도금화형탁잔 여섯 개의 꽃잎 모양으로 만들어진 잔과 잔 받침이야. 세련되고 정교한 무늬가 새겨져 있고 전체적으로 금이 고루 입혀져 있어 문벌 귀족의 화려한 생활을 짐작할 수 있어.

청자 기와 고려의 역사를 기록한 고려사에 지붕을 청자로 올렸다는 기록이 남아 있을 정도로 고려 문벌은 호화로운 생활을 하였지. 실지로 청자 기와가 출도되어 이러한 사실을 뒷받침해 주고 있단다.

여진과의 전쟁 ★ 여진을 정벌하고 동북 9성을 정복하다

12세기에 이르자 거란은 쇠퇴하고 여진이 세력을 확대했단다. 여진은 고구려의 지배를 받던 말갈족의 후손으로 처음에는 고려를 부모의 나라로 섬겼지. 그런데 부족을 통합하며 세력을 키운 여진이 자꾸 고려의 국경을 침범하기 시작했어. 말을 타고 싸우는 여진의 기마병을 고려군이 상대하기는 쉽지 않았어.

그래서 고려의 윤관은 왕에게 건의하여 **별무반**이라는 부대를 조직했어. 별무반은 말 그대로 '특별한 무인 부대'라는 뜻이야. 별무반은 말을 타고 싸우는 신기군, 보병인 신보군, 그리고 승려로 이루어진 항마군으로 편성되었어. 항마군은 '마귀를 항복시키는 부대'라는 뜻으로 불교의 나라인 고려의 모습을 엿볼 수 있지. 윤관은 별무반을 이끌고 여진을 정벌하여 동북 지방에 9성을 쌓고 영토를 확보했어. **동북 9성**을 빼앗긴 여진은 고려에 대대로 조공을 바치겠다며 땅을 돌려 달라고 했어. 고려도 동북 9성을 방어하는 데 어려움이 있다고 판단해 결국 여진에게 돌려주었단다. 그 후 여진은 세력을 키워 금을 세우고 거란을 멸망시켰어. 그리고 송을 남쪽으로 몰아낸 뒤 고려에 금을 큰 나라로 섬길 것을 요구했지. 고려 조정에서는 반대하는 목소리가 높았지만 당시 권력을 장악하고 있었던 이자겸은 전쟁을 피하고 정권을 유지하기 위해 금의 사대 요구를 받아들였단다. 이후 고려 지배층 내부에서는 금에 대한 사대 문제를 두고 갈등이 생겼지.

척경입비도 윤관이 9성을 개척하고 고려지경(高麗之境)이라고 새긴 비석을 세우는 모습이 그려져 있어.

문벌 사회의 동요
⭐ 이자겸의 난과 묘청의 서경 천도 운동이 일어나다

　고려의 문벌은 주요 관직을 독점하면서 문벌끼리 또는 왕실과의 결혼을 통해 힘을 키워 갔단다.

　그중 가장 세력이 컸던 문벌은 경원 이씨 가문이었어. 특히 이자겸은 고려 왕실에 무려 딸을 세 명이나 시집보내며 왕의 장인이자 외할아버지가 되었어. 이자겸에게 뇌물을 주려는 사람들이 줄을 섰고, 이자겸의 집 창고에서 썩어 가는 고기가 수만 근이나 되었다고 해. 이자겸은 자신의 집을 의친궁, 자신의 생일을 인수절이라고 불렀어. '궁'은 왕이 사는 집이고, '절'은 왕이나 왕자의 생일에만 쓰이는 말이었으니 이자겸의 위세가 얼마나 대단했을지 짐작이 가지? 한술 더 떠서 이자겸은 왕에게 할 말이 있으면 왕을 자신의 집으로 오라고 했지. 당시 왕이었던 인종도 외할아버지인 이자겸의 말을 거역하지 못했어. 이쯤 되자 슬슬 욕심이 생기기 시

작한 이자겸은 결국 스스로 왕이 되고자 반란을 일으켰단다. 하지만 **이자겸의 난**은 부하의 배신으로 실패하고 말았어. 이 일로 왕의 권위는 바닥에 떨어졌지.

그러자 인종은 떨어진 권위를 회복하기 위해 서경 출신의 신진 관리들을 등용해 개혁을 추진했어. 과거를 통해 관직에 진출한 지방 출신의 신진 관리들은 문벌들의 권력 독점에 불만을 품고 있었지. 묘청을 중심으로 한 서경 세력은 금 정벌을 주장하며 왕을 황제로 칭하고 중국 연호가 아닌 독자적인 연호를 사용하자고 주장하였어. 또 풍수지리설을 내세우며 개경은 기운이 쇠했으니 서경으로 도읍을 옮기자고 했어. 하지만 김부식을 중심으로 한 개경 출신 정치 세력은 서경 천도를 크게 반대했어. 그러자 묘청은 서경 세력과 함께 반란을 일으켰어. 하지만 개경 세력에 의해 진압되고 말았지.

이자겸의 난과 **묘청의 서경 천도 운동**은 소수 문벌의 권력 독점 때문에 생긴 대표적인 사건이야. 묘청의 서경 천도 운동이 실패하면서 문벌은 더욱 더 권력을 독점하게 되었고, 고려의 정치는 혼란에 빠지게 되었단다.

큰★별쌤 한판 정리

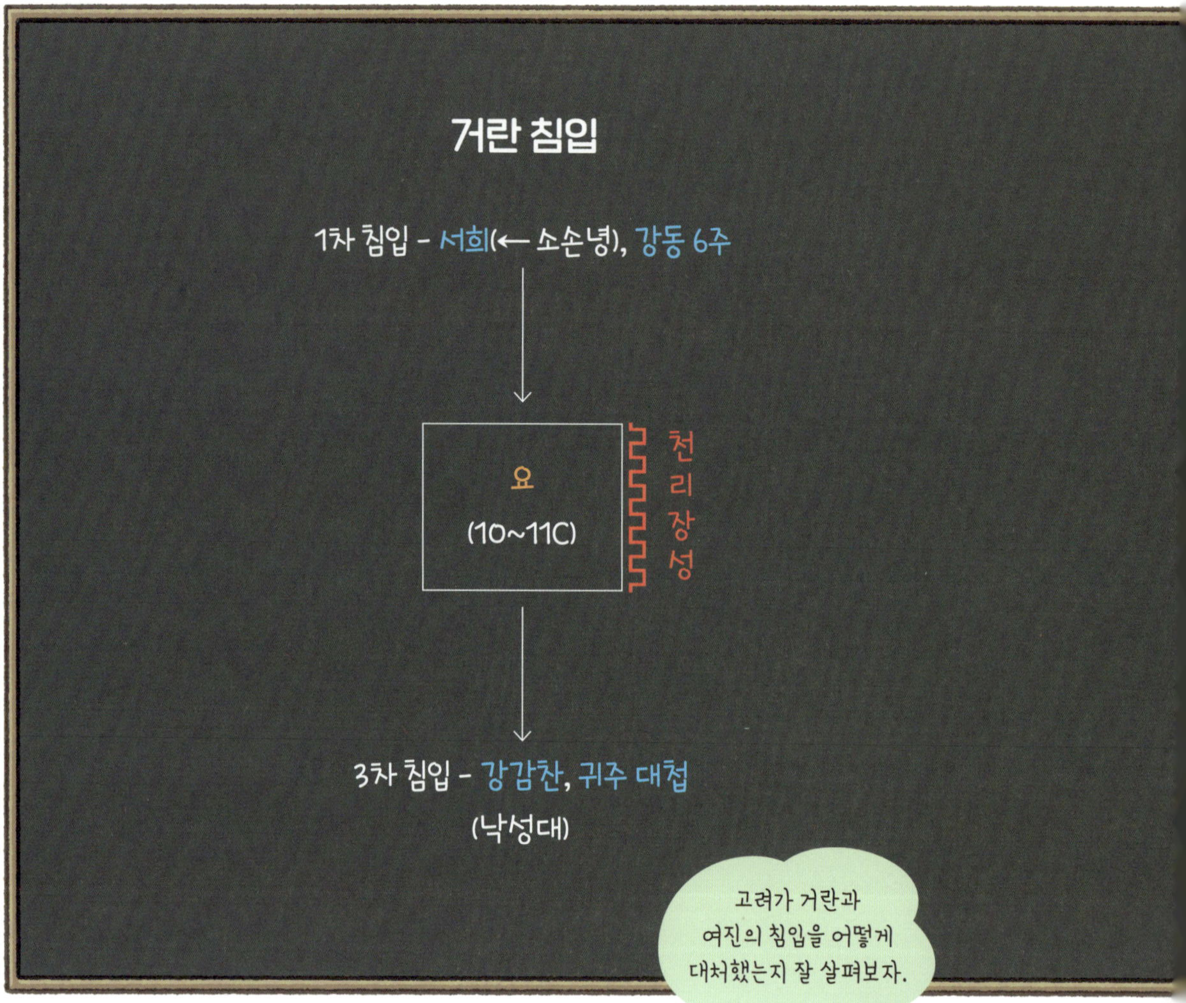

거란 침입

1차 침입 - 서희(← 소손녕), 강동 6주

↓

요 (10~11C) — 천리장성

↓

3차 침입 - 강감찬, 귀주 대첩
(낙성대)

> 고려가 거란과 여진의 침입을 어떻게 대처했는지 잘 살펴보자.

거란 1차 침입 거란은 송을 공격하기에 앞서 고려를 침략하였어.
서희 담판 서희는 거란 장수 소손녕과 담판을 통해 거란의 군대를 물러나게 하고 강동 6주를 획득하였어.
거란 3차 침입 귀주에서 강감찬이 이끄는 고려군이 거란군을 크게 무찔렀어.
천리장성 고려는 국경 지역에 천리장성을 쌓아 북방 민족의 침입에 대비했어.

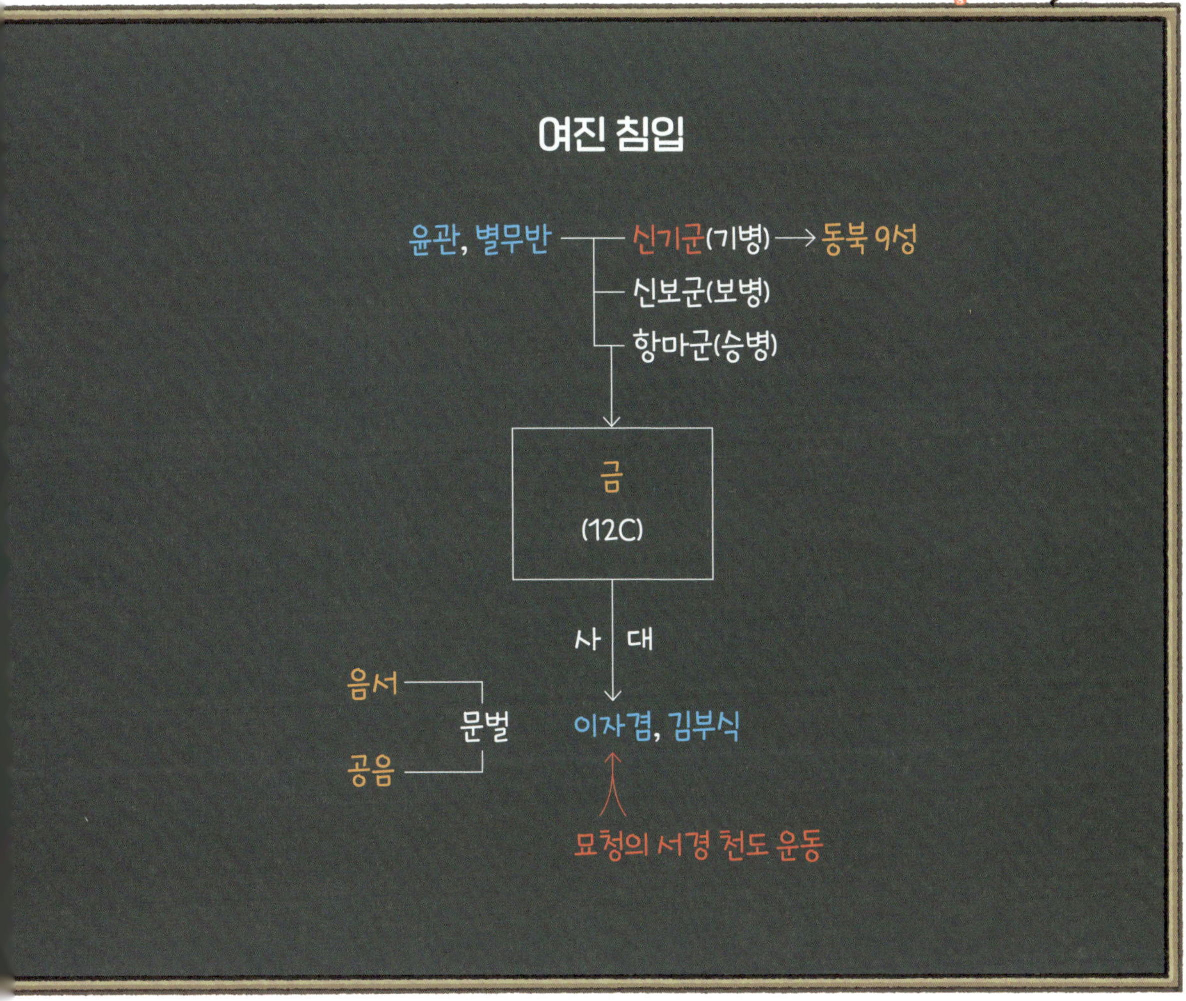

여진 침입

```
윤관, 별무반 ─┬─ 신기군(기병) → 동북 9성
             ├─ 신보군(보병)
             └─ 항마군(승병)
                    │
                    ▼
                 ┌─────┐
                 │  금  │
                 │(12C)│
                 └─────┘
                    │ 사 대
                    ▼
음서 ─┐       이자겸, 김부식
      ├ 문벌         ▲
공음 ─┘       묘청의 서경 천도 운동
```

여진 침입 12세기에는 여진이 부족을 통합하며 세력을 키워 나갔어.

동북 9성 윤관은 별무반을 이끌고 여진을 정벌하고 동북 9성을 쌓았어.

여진의 사대 요구 여진은 금을 세우고 고려에 사대를 요구하였어. 당시 집권자였던 이자겸 등은 금의 사대 요구를 받아들였어.

묘청의 서경 천도 운동 묘청 등 서경 세력은 금 정벌을 주장하며 서경 천도 운동을 전개했어.

큰★별쌤 별별 퀴즈

1. ★ 안에 들어갈 알맞은 말을 써 볼까요?

- 고려는 거란의 침입을 물리치고 국경 지역에  장성을 쌓았다.

- 윤관의 건의로 신기군, 신보군, 항마군으로 구성된  이 편성되었다.

- ★★ 과 서경 세력은 풍수지리설을 내세우며 서경 천도를 주장하였다.

2. 거란의 침입 때 활약한 인물과 그 활약상을 찾아 선으로 연결해 볼까요?

3. 다음 문장이 맞으면 ○, 틀리면 ✕에 동그라미를 그려 볼까요?

- 묘청 등 서경 세력은 풍수지리설을 내세우며 서경으로 천도하자고 주장했다.

- 고려 문벌은 음서제, 공음전을 통해 권력을 강화하였다.

- 이자겸은 전쟁을 피하고 정권을 유지하기 위해 금의 사대 요구를 받아들였다.

4. 큰★별쌤이 설명하고 있는 사람은 누구일까요?

성이 9개네~.

12세기 초 힘을 키운 여진이 고려의 국경을 침범하자 별무반을 이끌고 여진을 정벌하여 동북 9성을 쌓고 영토를 확보했어.

① 강감찬　　② 이자겸　　③ 최치원　　④ 윤관

뛰어난 외교술로 거란을 물리친 서희

서희는 거란이 침입했을 때 활약한 고려의 관리야. 거란과의 외교 담판으로 큰 전쟁을 막은 서희는 뛰어난 외교관이기도 했지.

만주 일대에 자리 잡은 거란은 발해를 멸망시키면서 빠르게 성장했어. 거란은 고려에 낙타, 말 등을 보내며 고려와 좋은 관계를 맺고자 했어. 하지만 고려는 발해를 멸망시킨 거란을 적대시하였지. 또 고려는 옛 고구려의 영토를 회복하기 위해 북진 정책을 펼쳤고 발해의 유민을 적극 받아들이면서 거란을 견제했어. 반면 송과는 친선 관계를 맺고 활발히 교류했지. 고려의 북진 정책과 친송 정책에 불안해진 거란은 결국 고려를 침략했어. 그러자 고려 신하들은 거란에 항복하거나 북쪽 땅을 내어 주고 화의를 하자고 주장했어. 심지어 거란의 군대에 넘어가지 않도록 서경의 식량을 모두 버려야 한다고 주장하는 사람도 있었지.

그러자 서희는 거란과 싸워 본 후에 논의해도 늦지 않는다며, 땅을 내어 주면 후세에 부끄러운 일이 될 것이라고 말했어. 또 식량이 충분하면 성을 지키고 전투에서도 이길 수 있으니 식량을 버리면 안 된다고 주장했지.

　국경을 침입한 거란이 적극적으로 군사 행동을 하지 않고 위협만 하자, 서희는 거란의 목적이 전쟁이 아니라는 것을 꿰뚫어 보고 거란의 장수 소손녕과의 협상 자리에 나갔지.

　당시 국제 정세를 파악하고 있었던 서희는 거란의 진짜 목적이 고려와 송의 관계 단절이라는 것을 이미 알고 있었어. 그래서 거란의 장수에게 당당하게 거란과 친하게 지낼 테니 길을 내어 달라고 요구했지. 고려와 굳이 싸울 필요가 없었던 거란은 서희의 제안을 받아들였어. 서희의 외교 담판으로 고려는 큰 싸움 없이 거란의 군사를 돌릴 수 있었고 거란으로부터 압록강 동쪽 땅을 얻어 내 그곳에 성을 쌓고 강동 6주를 설치할 수 있었어. 상대의 의중을 정확히 파악하고 상황을 역전시킨 최고의 외교술을 서희가 펼친 거야.

도전! 한국사능력검정시험

★ 초급 38회 15번

1. 다음 가상 인터뷰의 밑줄 그은 '이 제도'로 옳은 것은?

① 대동법
② 양천제
③ 음서제
④ 호패법

★ 초급 44회 14번

2. (가)에 들어갈 내용으로 옳은 것은?

① 동북 9성을 쌓았어.
② 4군 6진을 개척했어.
③ 강동 6주를 획득했어.
④ 철령 이북의 땅을 되찾았어.

★ 초급 46회 12번
3. (가) 인물에 대한 설명으로 옳은 것은?

사랑하는 아내에게
그동안 잘 지내었소? 멀리 변방에 나와 있으니 부모님과 자식들이 무척이나 보고 싶소.
나는 (가) 장군이 이끄는 별무반의 일원으로 여진족을 무찌르는 데 앞장서고 있소. 특히 말을 타고 싸우는 데 익숙한 여진족에 맞서 기병으로 이루어진 신기군의 활약이 대단하오. 집으로 돌아갈 날이 멀지 않았으니 다시 만날 때까지 몸 건강히 잘 지내시오.

○○○○년 ○○월 ○○일
남편이

① 동북 9성을 쌓았다.
② 강동 6주를 확보하였다.
③ 쌍성총관부를 공격하였다.
④ 귀주에서 크게 승리하였다.

 기본 47회 15번
4. 밑줄 그은 '나'에 해당하는 인물로 옳은 것은?

① 서희
② 강감찬
③ 김종서
④ 연개소문

나는 귀주에서 거란군을 크게 물리쳤습니다. 또한 개경에 나성을 쌓아 북방 세력의 침입에 대비할 것도 건의하였습니다.

3 무신 정권의 성립과 몽골의 침략

　세력을 키운 여진은 금을 세우고 고려에 사대를 요구할 정도로 강성해졌다고 했지? 당시 정권을 잡고 있던 문벌은 정권 유지를 위해 금과의 사대를 선택하였지. 하지만 이후 고려에서 무신 정변이 일어나면서 문벌은 무신들에게 권력을 내줬단다.

　그러는 사이 북쪽 몽골 초원에서 몽골이 성장했어. 몽골족을 통일한 칭기즈 칸은 활발하게 대외 정복에 나섰고, 몽골은 거대한 제국으로 발돋움했지. 이후 몽골은 금을 멸망시키고 중앙아시아를 정복한 뒤 유럽까지 진출해 세계 역사상 가장 큰 제국을 이루었단다.

　이렇게 대제국을 건설한 몽골은 동쪽으로 눈을 돌려 고려를 공격했어. 몽골은 당장 고려를 멸망시킬 것 같은 기세로 쳐들어왔지. 고려는 40년 가까이 몽골에 저항했지만 기나긴 전쟁으로 돌이킬 수 없는 상처가 남았단다. 나라 안팎으로 많은 일들이 일어난 고려로 떠나 보자.

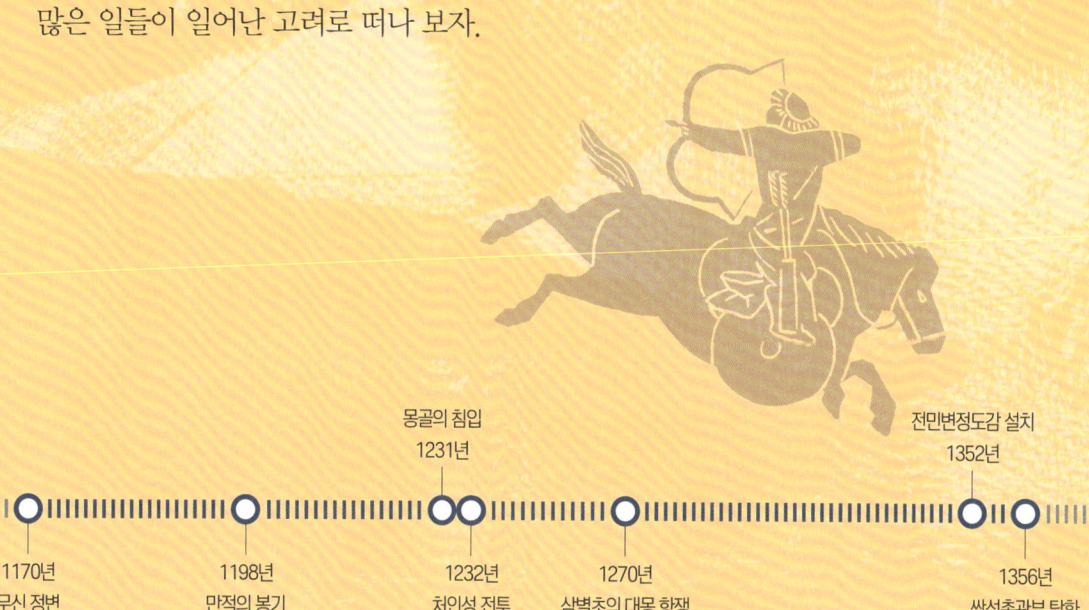

- 1170년 무신 정변
- 1198년 만적의 봉기
- 몽골의 침입 1231년
- 1232년 처인성 전투
- 1270년 삼별초의 대몽 항쟁
- 전민변정도감 설치 1352년
- 1356년 쌍성총관부 탈환

무신 정변 ★무신들이 권력을 잡다

고려 문벌은 대부분 문신이었어. 유교 경전 등을 공부해서 시나 글을 짓는 문과 시험을 보고 관리가 된 사람들을 문신이라고 해. 무신은 군사 일을 맡아보는 관리로 요즘으로 말하면 군인과 비슷해.

문신들은 무신들을 공공연히 무시했어. 벼슬의 등급이 같아도 무신은 문신에게 머리를 조아려야 했지. 또 왕과 문신들이 궁 밖으로 행차를 하면 무신들은 제대로 먹지도, 쉬지도 못하고 호위를 해야 했단다.

이자겸의 난과 묘청의 서경 천도 운동 이후 문벌이 권력을 독점하게 되면서 무신에 대한 차별은 더욱 심해졌어. 문벌들이 무신에게 돌아갈 토지까지 착취하면서 무신들의 불만은 점점 커졌지. 게다가 인종에 이어 즉위한 의종은 왕권 강화를 위해 개혁을 시도하다 실패하자, 정치를 멀리하고 연희와 향락에 빠졌단다.

고려에서는 무신을 뽑는 과거 시험인 무과가 거의 실시되지 않았어. 군대의 최고 지휘관도 무신이 아닌 문신만이 가능했지. 거란이 침입했을 때 귀주 대첩에서 크게 승리한 강감찬도 무신이 아니라 문신이었어.

무신에 대한 차별에 의종의 실정까지 이어지자 무신 정중부, 이의방 등은 정변을 계획했어. 1170년 8월 의종은 신하들을 거느리고 보현원에 행차하는 도중 군사 훈련을 한다며 무신들에게 수박희를 시켰어. 나이 든 무신 이소응이 젊은 무신과 겨루다가 힘에 부쳐 기권을 하자, 왕의 총애를 받고 있던 젊은 문신 한뢰가 이소응의 뺨을 후려쳐 이소응이 계단 밑으로 굴러떨어지는 일이 일어났어. 왕과 문신들은 손뼉을 치며 이소응을 비웃었지.

고구려 무용총에 그려진 수박희(모사도)
일정한 거리를 두고 마주 서서 손으로 힘과 기술을 겨루는 수박희는 우리나라의 전통 무예로 삼국 시대부터 했다고 알려져 있어.

 이를 지켜보던 무신 정중부는 20여 년 전 김부식의 아들 김돈중이 자신의 수염을 불태웠던 일을 생각했어. 그런 수모를 겪어도 김부식의 위세가 대단할 때라 참을 수밖에 없었지.

 정중부, 이의방 등 무신들은 일행이 보현원에 도착하자마자 정변을 일으켜 문신들을 살해하고 의종을 왕위에서 쫓아냈어. 그리고 명종을 허수아비 왕으로 앉혔지. 그때부터 100년 동안 고려는 무신들의 세상이 되었단다.

큰별쌤 별별 생각

 아프리카 원주민들의 원숭이 사냥법에 대해 들어 본 적 있니? 나무에 주둥이가 좁은 쌀자루를 걸어 놓으면 원숭이가 와서 그 주둥이 안으로 팔을 넣고 쌀을 움켜쥔대. 그런데 주둥이가 좁아 쌀을 움켜쥔 주먹이 빠지지 않는 거야. 수먹을 펴면 되는데, 주먹에 쥔 쌀알을 놓지 못해서 결국 원숭이는 잡힌다고 해. 고려의 문벌도 원숭이와 마찬가지 아닐까? 끝없는 욕심 때문에 결국 무신의 칼에 맞아 무너졌잖아. 살아가면서 손에 쥔 쌀알을 놓아야 할 땐 과감히 손을 쫙 펴는 지혜를 가져야겠지?

무신 정권의 성립 ★혼란이 계속되다

　권력을 잡은 무신들은 서로 권력을 차지하기 위해 싸웠어. 그래서 무신 정권 초기에는 최고 권력자가 자주 바뀌었지. 그러다가 최충헌이 권력을 잡으면서 혼란이 수습되었고, 60여 년간 최씨 정권이 이어졌단다.

　무신들은 혼란한 사회를 수습하고 백성들을 보살피기보다 재산을 늘리고 권력 다툼을 하는 데 바빴어. 또 세금을 많이 거두고 각종 부역에 백성들을 동원했어. 특히, 향·부곡·소와 같은 특수 행정 구역에 사는 사람들은 일반 평민들보다 더 많은 세금을 내야 했지.

　무신들의 수탈이 계속되자 농민과 천민들은 더 이상 참지 못하고 들고일어났어. 특수 행정 구역이었던 공주 명학소의 망이·망소이 형제가 과한 세금을 견디다 못해 봉기를 일으켰고 개경에서는 노비 만적이 신분 해방을 주장하며 들고일어났지. 무신 정변으로 노비 출신 이의민이 최고 권력자가 되는 것을 목격한 사람들은 신분 해방을 주장했어. 무신 정권 시대에는 지배층의 횡포에 맞서 전국 곳곳에서 하층민들의 봉기가 일어났단다.

몽골의 침략 ★몽골의 침략에 저항하다

고려가 혼란의 시기를 겪고 있을 때 **몽골**은 여러 부족을 통일하면서 세력을 키웠어. 몽골은 고려에 사신을 파견해 막대한 공물을 요구했는데, 파견되었던 몽골 사신이 귀국하는 도중 살해당하는 일이 벌어졌어. 몽골은 이를 빌미로 고려를 침략했지.

당시 최고 집권자였던 최우는 수도를 개경에서 강화도로 옮기고 몽골에 대항했어. 몽골의 침략에 맞서 고려 사람들은 필사적으로 저항했지. 노비, 부곡민 등 사회적으로 차별받던 하층민들도 함께 몽골군과 싸웠단다. **처인성 전투**에서 김윤후와 백성들이 힘을 합쳐 몽골군을 크게 물리쳤지. 고려 정부는 부처님의 힘으로 몽골을 물리치기 위해 팔만대장경을 제작하기도 했어. 하지만 이후에도 몽골군은 여러 차례 고려를 침략했고, 황룡사 9층 목탑과 초조대장경 등 문화유산이 불타 없어졌지. 또 전쟁이 길어지면서 국토는 황폐화되고 수많은 사람들이 죽거나 몽골에 포로로 끌려갔어. 몽골군의 말발굽이 휩쓸고 간 자리에는 남아 있는 게 없을 정도였지.

몽골은 초원 지대에서 발전한 나라로 몽골의 군사들은 기마 전술이 뛰어나 육지에서는 매우 강했지만 해상 전투에서는 약했지. 강화도는 물살이 매우 세고 갯벌이 넓어 몽골군이 접근하기 어려웠어. 또 강화도는 육지에서 가까워 물자를 이동하기가 수월하고, 넓은 평야를 가지고 있어 식량이 풍부했을 뿐만 아니라 섬이 커서 많은 사람들이 몽골군을 피해 살 수 있었어.

전쟁이 너무 길어지자 몽골과 강화를 맺자고 주장하는 사람들이 많아졌어. 하지만 최씨 정권은 강화에 반대하며 끝까지 항전해야 한다고 주장했지. 그러자 무신들은 최씨 정권을 무너뜨리고 몽골과의 강화를 추진했어. 당시 태자였던 고려 원종은 몽골의 쿠빌라이를 만나 고려의 독립을 약속받는 조건으로 강화를 맺고 수도를 다시 개경으로 옮겼어.

원 세조 쿠빌라이 몽골 제국의 제5대 황제로 자신을 찾아온 고려 원종과 동맹을 맺고 원종의 아들인 충렬왕을 사위로 맞이했지. 훗날 남송을 멸망시키고 중국을 차지했어.

몽골과의 강화를 맺기 위해 고려의 태자는 몽골로 출발했어. 그런데 가는 도중 몽골의 칸이 병으로 사망하였고 아릭부케와 쿠빌라이 사이에 후계자 경쟁이 일어났지. 고려의 태자는 고민 끝에 쿠빌라이를 찾아갔어. 쿠빌라이는 고려 태자가 자신을 찾아온 것에 무척 기뻐하며 고려의 독자적인 제도와 풍속을 고치지 않겠다고 약속했지. 태자는 고려로 돌아와 원종으로 즉위하였고, 쿠빌라이 역시 칸의 자리에 올라 나라 이름을 원이라고 했단다.

하지만 무신 정권의 군사 기반이었던 **삼별초**는 몽골과의 강화를 끝까지 반대하며 봉기를 일으켰어. 삼별초는 근거지를 강화도에서 진도로 옮겨 항쟁하다가 고려와 몽골 연합군의 공격으로 진도가 함락당하자 다시 제주도로 이동하여 끝까지 대몽 항쟁을 이어 갔지. 그러나 결국 진압되면서 40여 년에 걸친 몽골과의 전쟁은 막을 내렸단다. 이후 고려는 몽골이 세운 원의 간섭을 받게 되었어.

진도 용장성 배중손이 이끌던 삼별초가 몽골의 침략에 대항하여 항쟁을 벌였던 장소야.

삼별초는 무신 전권기 최우가 도적을 잡기 위해 설치한 야별초에서 시작되었어. 야별초가 좌별초와 우별초로 분리되고, 몽골의 포로로 잡혀갔다가 탈출한 군사로 조직된 신의군이 합쳐져 삼별초가 되었지.

원 간섭기 ★ 원의 내정 간섭을 받다

　원은 고려의 제도와 풍속을 인정하면서도 원의 영향력을 확대하려고 했어. 원은 **정동행성**을 설치해 내정을 간섭했을 뿐만 아니라 서경에 동녕부, 화주에 쌍성총관부, 제주에 탐라총관부를 설치해 고려를 직접 지배하고자 했지.

　또 원에 충성한다는 의미로 왕의 이름 앞에 '충성 충(忠)' 자를 붙이게 하고, 고려 왕실의 호칭과 격을 낮춰 '폐하'를 '전하'로, '태자'를 '세자'로 바꿔 부르게 했어. 게다가 고려 왕은 원의 공주와 결혼하고 왕자들은 원에서 자라며 교육을 받아야 했지. 백성들은 각종 특산물을 원에 바쳐야 했고 심지어 공녀까지 보내야 했어.

24대 원종 – 25대 충렬왕 – 26대 충선왕 – 27대 충숙왕 – 28대 충혜왕 – 29대 충목왕 – 30대 충정왕 – 31대 공민왕

원의 간섭을 받던 시기의 고려 왕의 이름이야. 고려의 왕들은 대부분 세자 때 원의 공주와 결혼해서 원 황제의 사위가 되었지. 고려의 왕 가운데 원의 사위가 된 첫 번째 왕은 충렬왕이야.

　한편 이 시기에 고려와 원 사이에 문물 교류가 활발해졌어. 고려에서는 몽골식 복장과 변발 등 몽골풍이 유행했어. 현재 우리가 사용하고 있는 족두리, 연지, 안동 소주 같은 것들도 몽골에서 유래한 거야. '무수리', '수라' 등은 몽골 궁중에서 쓰던 말이고, '벼슬아치', '장사치'의 '치'는 직업을 나타내는 몽골어의 끝 글자 '치'에서 유래한 거야. 반대로 원에도 고려 문화가 널리 퍼졌지. 고려 의복은 원 왕실과 상류층에서 유행하고, 상추쌈과 약과의 일종인 고려병 등이 원에서 인기를 끌었어.

원이 고려의 정치에 이래라저래라 간섭을 했고, 고려의 왕은 자주 교체되었어. 왕권이 약화되자 권문세족이 세력을 키웠지. 권문세족 중에는 전부터 세력을 가지고 있었던 가문도 있었지만, 몽골어를 잘해 통역관으로 일하거나 왕과 함께 원에서 생활하며 출세한 사람들도 있었어. 그래서 권문세족은 대부분 친원적인 성향을 가지고 있었지. 권문세족은 새로운 지배 세력이 되어 높은 관직을 독점하고 권력을 이용해 남의 땅을 빼앗아 대농장을 설치했어. 또 남의 노비를 빼앗거나 가난한 백성들을 데려가 노비처럼 부렸어. 이 때문에 세금을 낼 백성들이 줄어들어 나라의 재정이 어려워졌단다.

이조년의 초상화 몽골식 복장을 하고 있는 고려 후기 문신인 이조년의 모습이야. 원 간섭기에 고려 지배층 사이에서 몽골 복장과 변발이 유행했어.

★ 큰별쌤 별별 정보 ★

원은 고려와 함께 일본을 공격하려고 정동행성을 설치했어. 정동행성은 '동쪽을 정벌하기 위한 기구'라는 뜻이야. 당시 세계 최고의 강대국인 원이 쳐들어오니 일본 사람들은 엄청나게 두려워했지. 그런데 마침 태풍이 불어 원의 공격은 실패했어. 일본 사람들은 이 태풍을 신이 보내 준 바람이라는 뜻으로 '신풍(神風)'이라고 해. 신풍은 일본어로 '가미카제'라고 하는데, 제2차 세계 대전 때 비행기 자살 폭탄 특공대를 '가미카제 특공대'라고 불렀단다.

공민왕의 개혁 ★반원 자주 정책을 실시하다

나라의 재정이 궁핍해지자 충선왕, 충목왕 등 여러 왕들이 문제를 해결하고자 개혁을 시도했지만 원을 등에 업은 권문세족의 반발로 실패했지.

원이 점차 힘을 잃어 가던 14세기 중반에 즉위한 공민왕은 원의 간섭을 물리치고 고려 스스로 일어서려는 **반원 자주 정책**을 실시했어. 변발과 같은 몽골 풍습을 금지시키고 원이 지배하던 쌍성총관부를 공격하여 철령 이북의 영토를 되찾았지. 또 공민왕은 승려 신돈을 등용해 전민변정도감을 설치했어. 전민변정도감은 땅과 백성을 원위치로 돌려놓는다는 뜻이야. 전민변정도감을 통해 권문세족이 빼앗은 땅과 노비를 원래 주인에게 돌려주거나, 억울하게 노비가 된 사람들을 양인으로 풀어 주었지. 한편 공민왕은 유학 교육을 강화하여 자신의 개혁을 뒷받침할 인재를 양성했어. 권문세족은 공민왕의 개혁 정책에 크게 반발했고, 결국 공민왕이 죽임을 당하면서 개혁은 중단되고 말았단다.

하지만 공민왕이 개혁을 추진하는 과정에서 공민왕의 개혁 정신을 이어받은 새로운 정치 세력인 **신진 사대부**가 등장했지. 명분과 의리를 중시하는 성리학을 공부하고 과거를 통해 관리가 된 신진 사대부들은 권문세족을 비판하고 고려의 개혁을 주장했어. 훗날 신진 사대부들에 의해 조선이 건국되었지.

조선이 어떻게 건국되었는지는 다음 권에서 살펴보자.

영호루 현판 글씨 탁본 공민왕은 홍건적의 난을 피해 안동에 왔을 때 영호루를 자주 찾았다고 해. 그래서 개경으로 돌아간 뒤에 친필로 쓴 현판을 보내 영호루 누각에 달게 했다고 전해져.

공민왕 때는 홍건적과 왜구가 기승을 부렸어. 왜구는 남해안에 침입해 약탈을 일삼았어. 붉은 두건을 쓰고 다니는 홍건적이 쳐들어왔을 때는 공민왕과 노국 공주가 안동까지 피란을 가야 했지. 안동으로 가는 도중 개울물이 불어나 건널 수 없게 되자, 마을 부녀자들이 허리를 굽혀서 다리를 놓아 건너갈 수 있도록 도왔다고 해. 그 뒤 안동에서는 정월 대보름에 마을 부녀자들이 모여 놋다리밟기를 했대.

큰★별쌤 한판 정리

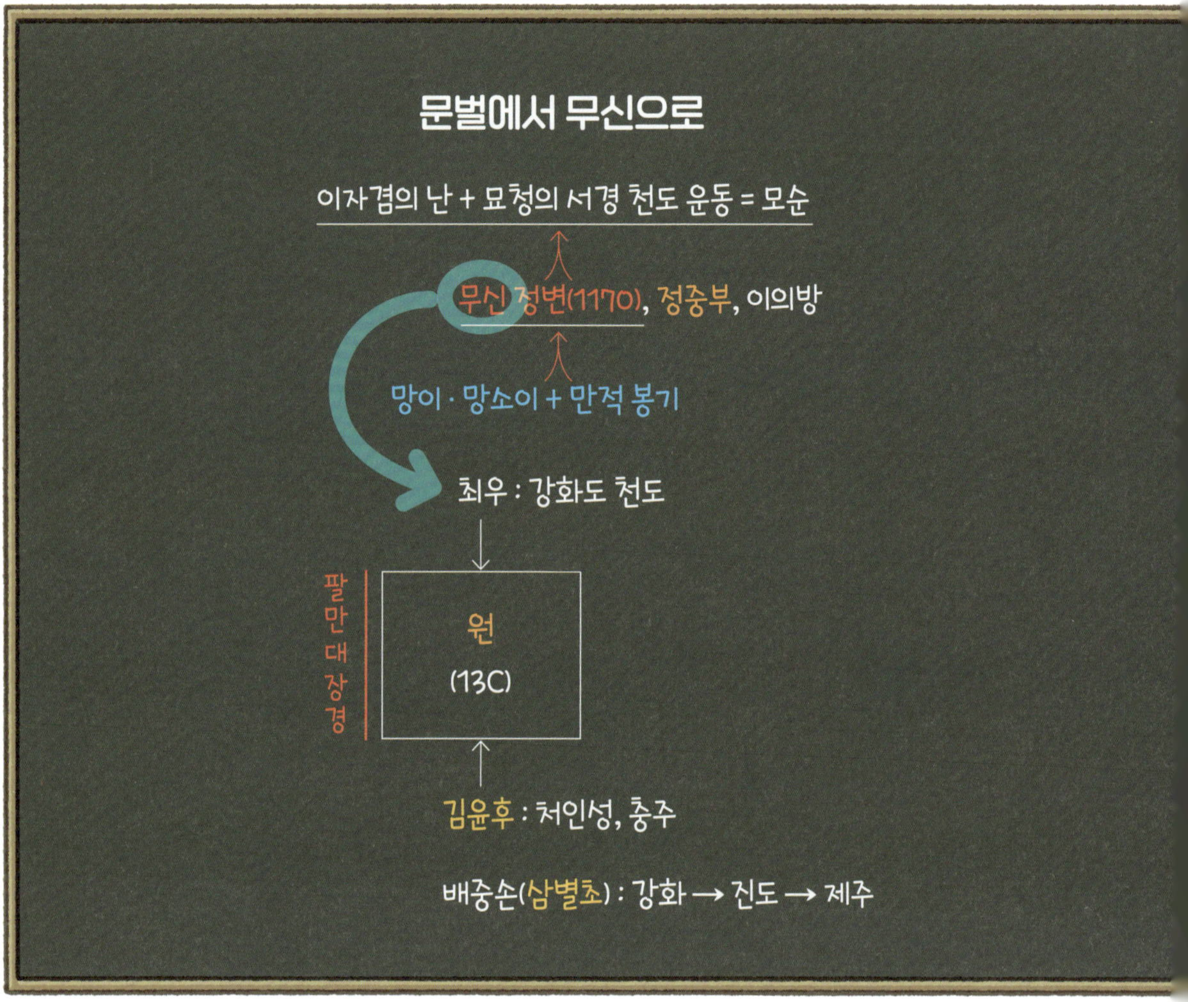

문벌에서 무신으로

이자겸의 난 + 묘청의 서경 천도 운동 = 모순
↑
무신 정변(1170), 정중부, 이의방
↑
망이·망소이 + 만적 봉기

최우 : 강화도 천도
↓
팔만대장경 | 원 (13C)
↑
김윤후 : 처인성, 충주

배중손(삼별초) : 강화 → 진도 → 제주

무신 정변 문벌의 권력 독점과 부패가 심해지고 무신에 대한 차별이 계속되자 일부 무신들이 무신 정변을 일으켜 정권을 장악했어.

농민과 천민의 봉기 무신의 수탈이 계속되자 망이·망소이, 만적이 봉기했어.

몽골 항쟁 몽골이 침입하자 최우는 강화도로 천도하여 몽골에 항쟁했어. 김윤후는 처인성과 충주에서 몽골군을 물리쳤어. 배중손이 이끄는 삼별초는 끝까지 항쟁했으나 결국 진압되었어.

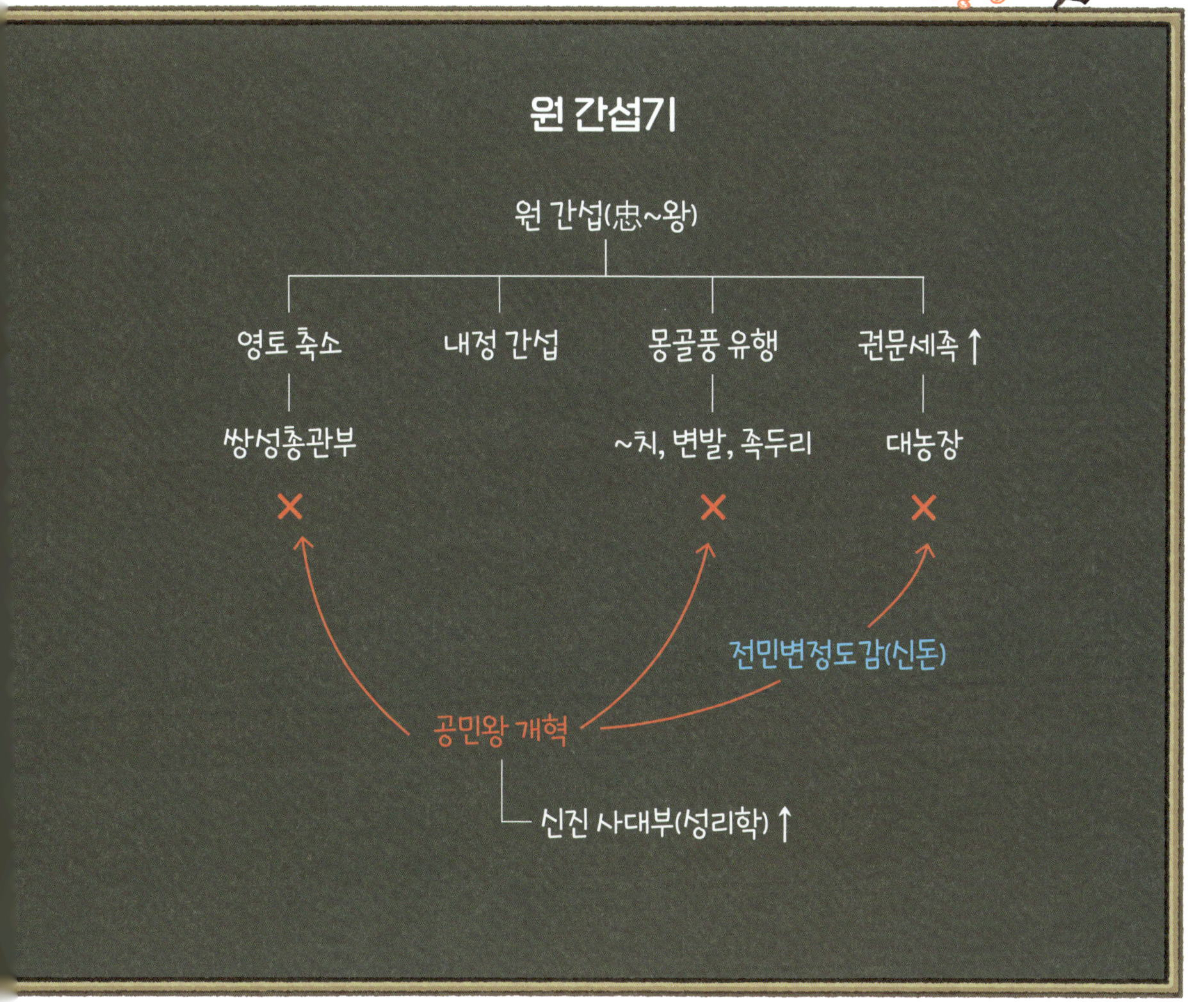

원 간섭기

```
              원 간섭(忠~왕)
    ┌──────────┬──────────┬──────────┐
  영토 축소   내정 간섭   몽골풍 유행   권문세족 ↑
    │                      │            │
 쌍성총관부            ~치, 변발, 족두리   대농장
    ✗                      ✗            ✗
```

전민변정도감(신돈)

공민왕 개혁

신진 사대부(성리학) ↑

원 간섭 몽골(원)은 고려 영토 일부를 직접 지배하는 등 고려의 내정을 간섭하였어.
권문세족의 성장 원에 빌붙어 성장한 권문세족은 백성들의 토지를 빼앗아 대농장을 경영했어.
공민왕 개혁 쌍성총관부를 되찾고 몽골풍을 금지하는 한편 전민변정도감을 설치하여 권문세족이 불법적으로 빼앗은 땅을 원래 주인에게 돌려주는 등 개혁 정책을 펼쳤어.
신진 사대부의 성장 공민왕은 개혁을 뒷받침할 새로운 세력으로 신진 사대부를 등용했어.

큰★별쌤 별별 퀴즈

1. ⭐ 안에 들어갈 알맞은 말을 써 볼까요?

- 무신에 대한 차별과 의종의 잘못된 정치로  정변이 일어났다.

- 몽골이 침입하자 최우는 ⭐⭐ 도로 천도하여 항전하였다.

- 몽골의 침입으로 인해  대장경과 황룡사 9층 목탑이 불타 없어졌다.

- 원 간섭기에는 ⭐⭐⭐⭐ 이 고위 관직을 독점하고 대규모 토지를 소유하였다.

2. 친구들이 몽골의 침입에 맞선 고려의 저항에 대해 이야기하고 있어요. 틀린 내용을 말한 친구는 누구일까요?

김윤후와 관민들이 힘을 합쳐 처인성 전투와 충주성 전투에서 승리하였어.

① 예준

부처님의 힘을 빌려 외적을 물리치고자 팔만대장경을 제작하였어.

② 서현

외적의 침입에 대비하여 천리장성을 축조하였어.

③ 세진

3. 무신의 수탈이 계속되자 농민과 천민들은 더 이상 참지 못하고 들고일어났어요. 관련 있는 봉기를 찾아 선으로 연결해 볼까요?

왜 공주 명학소에 사는 우리만 세금을 더 내야 합니까?

•   • 만적의 봉기

장군과 재상에 타고난 씨가 따로 있겠는가? 왜 우리만 채찍질을 당하며 뼈 빠지게 일을 해야 하는가?

•   • 망이·망소이의 봉기

4. 큰★별쌤이 설명하고 있는 사람은 누구일까요?

원의 간섭을 물리치고 고려 스스로 일어나고자 반원 자주 정책을 실시했어. 몽골 풍습을 금지시키고 원이 지배하던 쌍성총관부를 공격하여 영토를 되찾았지.

① 원종　　　② 공민왕　　　③ 충렬왕　　　④ 충정왕

개혁을 꿈꾸었던 공민왕

공민왕은 원에서 어린 시절을 보내며 원의 공주인 노국 공주와 결혼했어. 이후 공민왕의 조카인 충정왕 대신 왕위에 올랐지. 공민왕은 당시 원의 상황을 잘 알고 있었기 때문에 원이 곧 멸망할 것을 알았어. 그래서 즉위 후 곧바로 반원 자주 정책을 펼치며 원의 간섭에서 벗어나고자 했어. 가장 먼저 자신부터 변발을 풀고 원의 변발과 복식을 폐지했지. 그리고 원을 등에 업고 왕보다 더 큰 권세를 누리던 기씨 일파와 친원 세력들을 제거했어. 권문세족들이 이러한 공민왕을 좋아할 리가 없었겠지? 그들은 원에 끌려갔다가 원의 황후가 된 기황후를 통해 원의 황제를 움직여 공민왕을 폐

위시키려 했어. 이에 원은 군대를 보내 고려를 침공하고자 했지만 공민왕은 최영과 이성계를 통해 이를 막고 왕위를 지켜 냈지.

　공민왕이 이렇게 강력한 반원 정책을 추진할 수 있었던 이유 중 하나는 바로 왕비인 노국 공주의 지지였단다. 왕위에 오른 공민왕이 반원 정책을 펼쳤을 때 노국 공주는 자신의 나라인 원을 등지고 누구보다 공민왕의 편에 섰어. 당연히 공민왕은 그런 노국 공주를 무척 사랑하며 의지했어. 그렇게 사랑했던 노국 공주가 난산 끝에 세상을 떠나자 공민왕은 큰 슬픔에 빠졌지. 성대한 장례식을 치르고 공주의 초상화를 그려 벽에 걸어 놓고 밤낮으로 울며 그리워했어.

　고려의 자주성 회복을 위해 힘쓰던 공민왕은 자신의 개혁 정치에 절대적 지지를 보내 주던 노국 공주가 죽은 뒤 개혁을 이어 갈 동력을 잃었어. 게다가 개혁의 동반자였던 신돈이 권문세족들에게 반역을 시도한다는 모함을 받자 신돈을 처형시켰지. 공민왕도 신돈의 힘이 지나치게 커질까 봐 두려웠던 거야.

　이후 공민왕은 유희와 향락에 빠져 백성들의 삶을 외면하고 대규모 공사를 벌여 나라의 재정을 낭비했어. 결국 불만을 품은 신하들에 의해 공민왕은 죽임을 당했지. 고려의 마지막 등불 같던 공민왕이 무너지면서 고려의 개혁 또한 멈추었단다.

노국 공주,
날 두고 가지 마오~.

도전! 한국사능력검정시험

★ 초급 43회 13번
1. (가) 왕의 업적으로 옳은 것은?

① 훈요 10조를 남겼다.
② 대마도를 정벌하였다.
③ 지방에 12목을 설치하였다.
④ 철령 이북의 땅을 되찾았다.

★ 초급 45회 13번
2. 선생님의 질문에 대한 학생의 대답으로 옳은 것은?

몽골식 복장의 유행   원에 공녀로 끌려가는 여인들

① 상평통보가 사용되었어요.
② 고구마와 감자가 널리 재배되었어요.
③ 권문세족이 대규모 토지를 소유했어요.
④ 청해진에서 무역이 활발하게 이루어졌어요.

★ 초급 46회 13번
3. 다음 두 사건의 공통점으로 옳은 것은?

① 전주성을 점령하였다.
② 서경 천도를 주장하였다.
③ 무신 집권기에 발생하였다.
④ 청의 군대에 의해 진압되었다.

★★★ 기본 48회 14번
4. (가) 시기에 있었던 사실로 옳은 것은?

① 김헌창이 난을 일으켰다.
② 최우가 정방을 설치하였다.
③ 묘청이 금 정벌을 주장하였다.
④ 서희가 강동 6주를 획득하였다.

4 고려의 경제와 사회

　우리나라를 영어로 '코리아(KOREA)'라고 부르지? 우리나라는 어떻게 코리아가 되었을까? 아라비아 상인들이 고려로 물건을 팔러 오면서 고려는 '코리아' 또는 '꼬레아'라는 이름으로 세계에 알려지게 되었어.

　고려 시대에는 국제 무역이 활발하게 이루어졌기 때문에 고려의 수도인 개경에서는 외국 사람들을 어렵지 않게 볼 수 있었다고 해. 벽란도를 통해 외국 상인들이 개경으로 들어와 물건을 사고팔았지. 고려에서 팔관회와 같은 행사가 열리면 송, 여진, 아라비아 등 여러 나라의 상인들이 참석할 정도로 개경은 국제적인 도시로 발전했어. 고려는 세계 여러 나라와 교류하며 국제적이고 개방적인 문화를 만들어 갔단다.

　고려는 신분제 사회였지만 신분 상승의 길이 열려 있었어. 가정에서도 남녀 차별이 거의 없었어. 또 고려로 귀화한 외국인들도 많았다고 해. 고려 사회는 우리가 생각하는 것보다 꽤 다채로운 모습이었단다.

　고려 시대 사람들이 어떻게 생활했는지 궁금하지? 고려 시대 사람들을 만나러 어서 가 보자.

996년
건원중보 발행

1102년
해동통보 발행

대외 교류 ★ 활발한 대외 교류를 펼치다

고려는 건국 초부터 송, 거란, 여진, 일본 등 주변 나라와 활발하게 교류하였어. 여러 번 고려를 침략했던 거란이나 금을 세운 여진과도 외교 관계를 맺어 꾸준히 교류했어. 거란과 여진은 유목 민족이었기 때문에 말, 가죽, 모피 같은 것을 고려에 수출하고 곡식과 농기구 등을 수입해 갔지. 일본 상인은 수은, 황 등을 가져와 서적, 인삼 등과 바꿔 갔어. 아라비아 상인들도 수은, 향료 등을 들여와 팔고 금, 은, 비단 등을 사 갔지.

고려가 가장 활발하게 교류한 나라는 송이었어. 송은 양쯔강 유역을 중심으로 농업이 크게 발전하여 경제적으로 매우 부유했지. 이러한 경제력을 바탕으로 송은 문물이 크게 발전했어. 송의 3대 발명품이 뭔지 아니? 세계 질서를 바꿔 놓은 인쇄술, 화약, 나침반이야. 그만큼 송은 경제와 문화 대국이었단다. 그래서 고려는 송에 사신과 학자를 보내 송의 선진 문물을 배워 왔지. 고려는 인삼, 나전 칠기, 화문석, 먹 등을 송으로 가져갔고 귀족들이 필요로 하는 사치품인 비단, 서적, 자기, 약재 등을 들여왔지. 특히 고려의 인삼은 약효가 뛰어나기로 소문났고, 먹은 질이 좋기로 유명해 송 상인들에게 인기가 있었다고 해.

청명상하도에 그려진 고려 상인의 모습 송의 도성 모습을 그린 풍속화야. 도성의 인파와 술집, 상점, 노점, 상인, 우마차 등 당시 번성했던 송의 모습을 알 수 있지. 갓을 쓰고 두루마기 차림을 한 고려 상인의 행렬도 그려져 있어 당시 교류가 활발했다는 것을 알 수 있단다.

거란의 글씨가 새겨신 정동 거울 고려와 거란이 교류했다는 것을 알 수 있어.

벽란도 ★ 국제 무역항으로 번성하다

고려의 수도 개경과 가까운 예성강 하구의 **벽란도**는 국제 무역항으로 각 나라에서 온 상인들로 항상 북적였지. 벽란도는 '푸른 물결이 넘실대는 나루'라는 뜻으로 송, 거란, 여진, 일본 상인뿐만 아니라 멀리 아라비아 상인까지 드나들었단다. 아라비아의 상인은 벽란도를 통해 개경으로 들어와 고려의 왕에게 토산품을 바치기도 했어. 상업이 활발해지자 고려 정부는 수도 개경에 경시서를 설치하여 시전 상인들을 관리 감독했단다.

'황비창천' 글자가 새겨진 청동 거울 아주 밝게 빛나는 창성한 하늘이라는 뜻의 '황비창천' 글자와 범선, 해와 달, 용 등의 무늬가 새겨져 있는 청동 거울이야. 거친 바다에서 무사 항해하기를 기원하기 위해 제작한 것으로 보여.

화폐 ★ 다양한 화폐를 만들다

무역을 할 때 주로 은을 화폐처럼 사용했지만 국제 무역이 활발해지다 보니 화폐가 필요해졌어. 그래서 고려 성종 때 철로 만든 최초의 화폐인 **건원중보**가 만들어졌어. 이후 고려 숙종 때는 구리로 **해동통보**라는 동전을 만들기도 했지. 또 고액 화폐인 은으로 만든 은병이 사용되기도 했어. 은병은 호리병 모양으로 입구가 넓어 활구라고도 불렸단다.

이렇게 만든 화폐를 나라에서는 많이 사용하라고 권장했지만 사람들은 여전히 화폐보다 옷감이나 쌀을 주고 물건을 사는 데 익숙했단다.

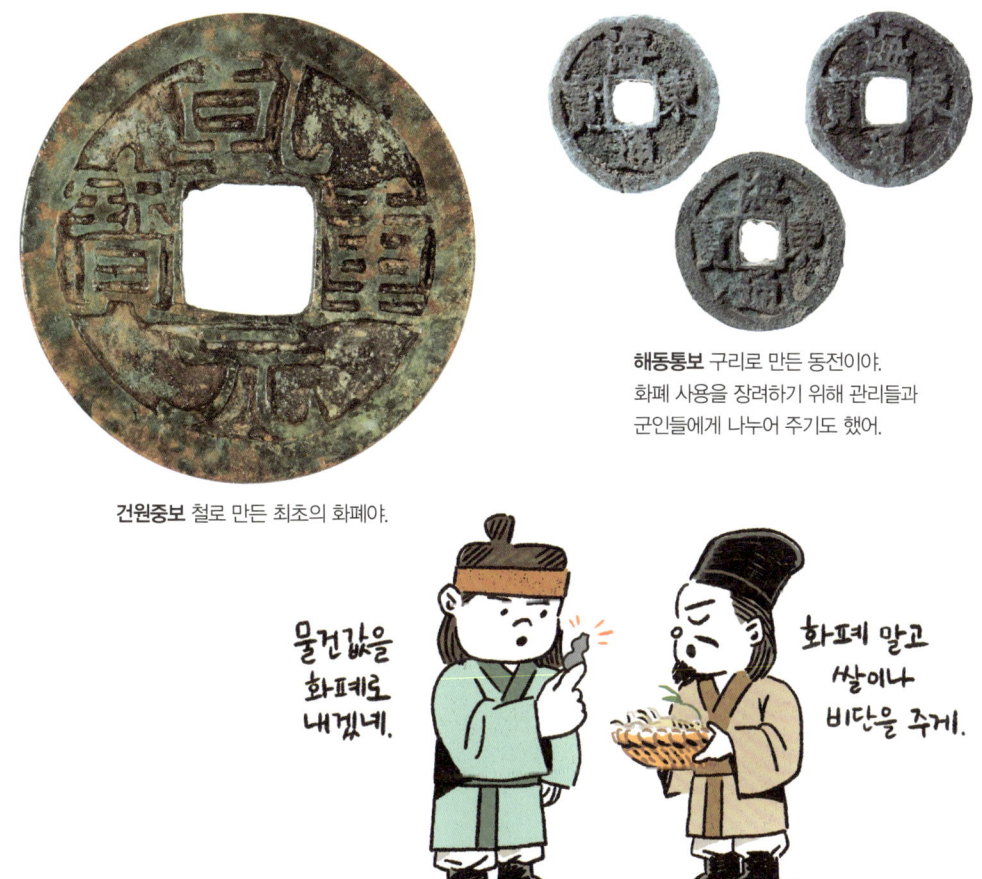

건원중보 철로 만든 최초의 화폐야.

해동통보 구리로 만든 동전이야. 화폐 사용을 장려하기 위해 관리들과 군인들에게 나누어 주기도 했어.

신분 제도 ★ 양인과 천인으로 나누다

고려의 신분 제도는 크게 양인과 천인으로 나뉜단다. 양인은 다시 지배층과 피지배층으로 구분할 수 있었어. 지배층은 고위 관직을 차지하고 대대로 그 지위를 대물림했어. 피지배층은 대부분 농민이었는데, '백성'이라고 불렸어. 이들은 나라에 조세, 공물, 역과 같은 세금을 부담하였지. 또 고려에는 향, 소, 부곡이라는 특수 행정 구역이 있었는데, 이곳 주민들은 양인이었지만 이사를 갈 수도, 과거 시험을 볼 수도 없었어. 게다가 세금은 더 많이 내야 했지. 특히 소의 주민들은 나라에서 필요한 종이, 소금, 먹 같은 수공업품을 만들어 나라에 바쳐야 했어. 천인은 대부분 노비였는데, 재산으로 취급받아 사고팔 수도 있었지.

고려 시대에는 신분 상승도 가능했어. 양인이면 과거에 응시할 수 있었기 때문에 과거에 합격해서 관리가 되거나 전쟁에 나가 공을 세워 무관이 될 수 있었지. 노비는 주인에게 돈을 주고 양인의 신분을 얻기도 했어.

귀족 왕족, 문무 고위 관리
중간 계층 하급 관리, 서리, 향리, 남반
양인 농민, 상인, 수공업자, 향·소·부곡민
천인 공·사 노비

그래도 난 양인!
우리만 힘들어. 휴!

가족 제도 ★수평적인 가족 관계를 이루다

고려 시대 여성들은 사회 활동을 자유롭게 하지는 못했지만 가정 내에서는 남성과 거의 동등한 지위를 가지고 있었어.

고려 시대에는 아들딸 구별없이 태어난 순서대로 호적에 올렸고, 여성도 호주가 될 수 있었어. 재산도 아들딸 모두에게 균등하게 물려주었고 딸도 제사를 지낼 수 있었지. 또 부부 중 어느 한쪽이 죽으면 재혼하는 것을 당연하게 여겼어.

고려에는 음서제가 있어서 고위 관리의 자손은 시험을 보지 않아도 관직에 오를 수 있다고 했지? 이 음서제는 사위나 외손자에게도 해당되었지. 또 지금처럼 친가, 외가를 구분하지 않고 양가 할아버지, 할머니를 모두 한아비, 한어미라고 불렀단다.

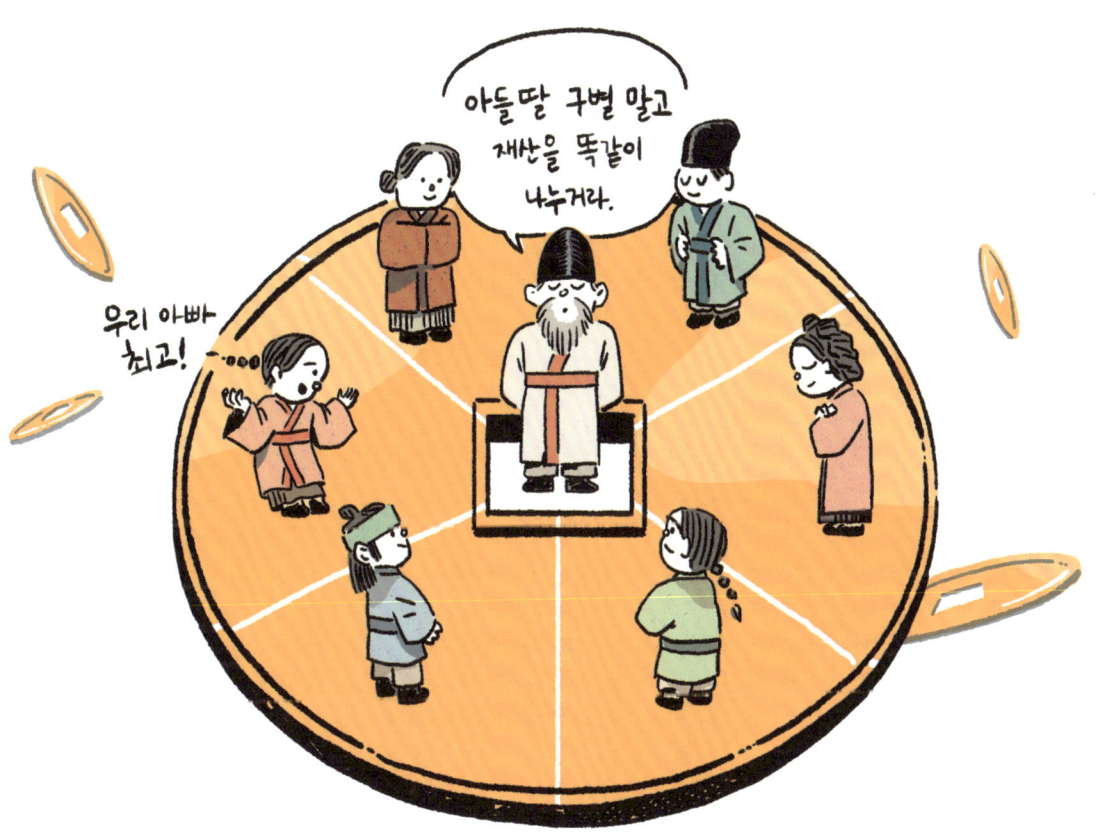

큰★별쌤 한판 정리

경제

- 벽란도
- 개경(은병(활구), 해동통보)
- 인삼
- 코리아
- 아라비아

국제 교류가 활발했던 고려를 기억해 두렴.

국제 교류 고려는 건국 초부터 주변 나라와 활발하게 교류하였어.
국제 무역항 벽란도 벽란도는 국제 무역항으로 각 나라에서 온 상인들로 항상 북적였지. 고려로 물건을 팔러 온 아라비아 상인들에 의해 고려(COREA, 코리아)라는 이름이 세계에 알려지게 되었어.
화폐 사용 상업이 발달하자 건원중보, 해동통보와 같은 화폐를 만들었어. 또 고액 화폐로 은병(활구)를 사용하기도 했어.

사회

신분제

- 양인
  - 문벌
  - 중간 계층
  - 백정(일반 농민)
  - 향·소·부곡민(이사X, 세금↑)
- 천인 — 노비(재산)

여성 지위

- 가정 내 지위 ↑
  - 균등 상속
  - 딸 제사 ○
  - 외가 음서 ○

고려의 신분 고려의 신분은 크게 양인과 천인으로 나뉘고 양인은 다시 지배층과 피지배층으로 구분했어. 문벌 등 지배층은 고위 관직을 차지하고 대대로 그 지위를 이어 나갔어. 피지배층은 대부분 농민으로 백정이라고 불렀어. 향, 소, 부곡에 사는 주민들도 양인이었지만 많은 차별을 받았어. 천인은 대부분 노비였어.

여성 지위 고려 시대에는 가정 내 남성과 여성의 지위가 비교적 평등했어.

큰★별쌤 별별 퀴즈

1. ★ 안에 들어갈 알맞은 말을 써 볼까요?

- 고려 시대 아라비아 상인들에 의해  라는 이름이 세계에 알려지게 되었다.

- 고려 시대 국제 무역항인  는 각 나라에서 온 상인들로 항상 북적였다.

- 고려 성종 시기 철로 만든 최초의 화폐는  이다.

2. 큰★별쌤이 설명하는 곳을 지도에서 찾아 볼까요?

예성강 하류에 위치한 국제 무역항으로 송, 일본, 아라비아 상인들이 활발히 드나들었지. 고려 수도인 개경에서 가까운 곳에 위치해 있었어.

① (가)   ② (나)   ③ (다)   ④ (라)

3. 다음 문장이 맞으면 ○, 틀리면 ✗에 동그라미를 그려 볼까요?

- 고려 시대에는 상평통보가 널리 사용되었다.

- 고려 시대에는 아들과 딸의 구분 없이 재산을 균분 상속하였다.

- 고려는 송에 비단, 서적 등을 수입하고 종이, 인삼 등을 수출하였다.

4. 다음 중 고려 시대에 볼 수 없는 모습을 골라 볼까요?

고려 시대에는 송, 거란, 여진 등의 주변 나라와 활발하게 교류했단다.

① 벽란도에서 물건을 파는 아라비아 상인
② 팔관회에 참석하기 위해 온 거란 사신
③ 몽골식 복장과 변발
④ 무역을 위해 청해진을 오가는 당의 무역선

큰★별쌤 별별 특강

고려 시대 아들딸

　고려 후기 문신인 손변이 경상도 안찰사로 부임했을 때 일이야. 안찰사는 각 도의 행정을 맡아보던 벼슬로 지금의 도지사와 비슷해. 손변은 부모의 유산을 두고 여러 해 동안 다투던 남매 간의 재산 소송 사건을 맡게 되었지. 남동생은 부모에게 물려받은 재산을 누이 혼자 차지한 것은 사리에 맞지 않다며 재산을 나눠 줄 것을 요구했어. 그러자 누이는 아버지가 돌아가실 때 전 재산을 자신에게 물려주고 남동생에게는 검은 옷 한 벌, 검은 관 한 개, 신발 한 켤레, 종이 한 장만 남겼다며 자신은 아버지의 유언을 따랐을 뿐이라고 했지. 이 말을 들은 손변은 재산을 나누지 않고 딸에게 모든 재산을 물려준 것은 잘못되었다고 판단하며 이렇게 말했어.

　"자식을 향한 부모의 마음은 같은데, 어찌 다 자라 결혼한 딸에게는 후하고 어미 없는 어린 아들에게는 야박하겠는가? 내가 판단하기에 너희 아버지는 어린 아이가 의지할 수 있는 사람은 누이밖에 없으니, 균등하게 재산을 물려주면 누이가 동생을 사랑함이 덜하여 잘 양육하지 않을까 염려한 것이다. 아버지는 장차 아들이 성장하면 물려준 옷과 관을 갖춰 입고 상속의 몫을 찾기 위해 관아에 송사를 제기할 수 있도록 종이 한 장을 유산으로 남겨 누군가 이 일을 판단해 주리라 생각한 것이다."

그러고는 남매에게 부모의 재산을 반반씩 나누도록 판결했어. 손변의 판결을 들은 남매는 그제야 아버지의 깊은 뜻을 깨닫고 서로 부둥켜안고 울었다고 해.

　또 다른 이야기도 전해져. 고려 시대 나익희라는 사람이 있었는데 그의 어머니가 자녀들에게 재산을 나눠 줄 때 아들인 나익희에게만 따로 노비 40명을 더 주겠다고 했어. 그러자 나익희가 "제가 육 남매의 외아들이라 해서 사소한 것을 더 차지하면, 자녀들끼리 화목하길 바라는 어머니의 뜻을 더럽히는 것 아니겠습니까?"라고 말했어. 그러자 어머니는 그 말이 맞다며 나익희의 말을 따랐다고 해.

　재산 상속에 있어 아들딸 차별이 없었던 것을 알 수 있는 이야기야. 이를 통해 고려 시대 가족 내 남녀의 지위가 거의 동등했다는 것을 알 수 있단다.

도전! 한국사능력검정시험

★ 초급 41회 11번

1. (가)에 들어갈 내용으로 옳지 않은 것은?

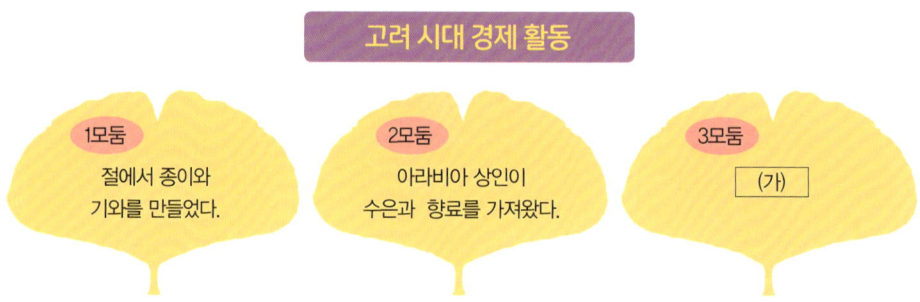

① 벽란도를 통해 국제 무역을 하였다.
② 나전 칠기, 화문석 등을 수출하였다.
③ 활구라고 불린 은병을 화폐로 사용하였다.
④ 보부상이 전국의 장사를 돌아다니며 활동하였다.

★ 초급 42회 13번

2. (가)에 들어갈 상품으로 적절한 것은?

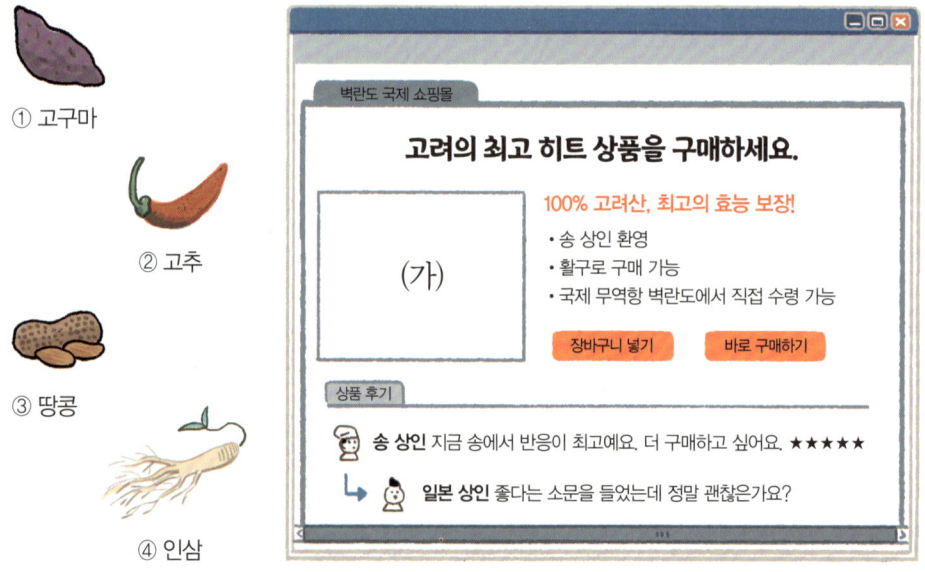

★★★ 기본 47회 14번
3. 다음 발표에 해당하는 국가의 경제 상황으로 옳은 것은?

① 벽란도가 국제 무역항으로 번성하였다.
② 담배, 인삼 등의 상품 작물이 재배되었다.
③ 관청에 물품을 조달하는 공인이 활동하였다.
④ 시장을 감독하기 위한 동시전이 설치되었다.

★★★ 기본 50회 14번
4. 다음 상황을 볼 수 있었던 국가의 경제 정책에 대한 설명으로 옳은 것은?

① 건원중보를 발행하였다.
② 신해통공을 단행하였다.
③ 연분 9등법을 시행하였다.
④ 관수 관급제를 실시하였다.

5 고려의 문화

고려는 불교의 나라라고 할 정도로 왕실부터 일반 백성에 이르기까지 불교를 널리 믿었어. 외세가 침입했을 때는 대장경을 간행하여 부처님의 힘으로 나라를 지키고자 했지. 고려는 스승이 될 만한 승려를 국사와 왕사로 두어 불교를 적극적으로 후원했어.

또 연등회와 팔관회 같은 불교 행사를 매년 성대하게 치렀어. 불교 의식이었던 팔관회는 왕실과 귀족, 백성들이 다 함께 참여하여 나라와 왕실의 안녕을 비는 행사로 성격이 바뀌었지. 이처럼 고려 시대에는 불교 문화가 찬란하게 꽃피면서 불교 사상이 발달하고 불교 문화유산이 많이 만들어졌어. 그뿐만 아니라 상감 청자와 인쇄술 등 수준 높고 독창적인 문화유산도 많이 만들어졌단다. 함께 고려의 빛나는 문화유산을 만나러 가 볼까?

968년 논산 관촉사 석조 미륵보살 입상 건립

1251년 팔만대장경 완성

1348년 경천사지 10층 석탑 건립

1377년 《직지심체요절》 인쇄

불교의 발전 ★불교 문화가 화려하게 꽃피다

고려 왕실과 지배층은 불교를 적극적으로 후원했어. 과거 시험에 승려를 뽑는 승과가 있었고, 지배층에서 승려가 되는 사람도 있었어.

고려 시대 유명한 승려 **의천**도 문종의 넷째 아들이었어. 불교를 숭상한 문종이 왕자들 중에 나라를 빛낼 승려가 나오길 바라자 의천이 승려가 되겠다고 나섰지. 의천은 송까지 가서 불교를 공부하고 돌아와 불교 경전의 내용을 널리 알리고자 노력하였지. 그리고 천태종을 창시한 의천은 불교의 여러 종파를 통합하고자 하였어. 또 그는 화폐를 만들어 사용할 것을 주장하기도 했지.

통도사 장생표 절의 땅이 넓다 보니 땅의 영역을 표시하기 위해 경계에 장생표를 세웠어.

대각 국사 의천 의천은 고려 제11대 왕인 문종의 넷째 아들로 교단 통합 운동을 벌였어.

왕실과 귀족의 후원 덕분에 절은 땅과 노비를 많이 가지게 되었어. 그러자 절에서 백성들에게 땅을 빌려주고 그 대가로 돈이나 곡식을 받기도 했지. 또 절에서 필요한 종이, 기와, 소금, 심지어 술도 직접 만들어 팔았어. 자연스럽게 장사꾼들이 절에 모여들었어.

　승려 **지눌**은 조계종을 정립하고 세속화된 불교를 비판했어. 그리고 불교가 본연의 자세로 돌아갈 것을 주장하며 불교 개혁을 위해 결사 운동을 펼치기도 했단다.

와, 진짜 크다!

보조 국사 지눌 지눌은 독경과 선 수행, 노동에 고루 힘쓰자는 개혁 운동을 펼쳤어.

개태사의 무쇠솥 충남 논산에 있는 개태사는 왕건이 후백제의 항복을 받고 세운 절이야. 1000명 정도를 한꺼번에 먹일 수 있을 정도의 무쇠솥이 있어 당시 번성했던 절의 규모를 알 수 있지.

고려 시대에는 불교가 문화의 중심을 이루며 불교 예술이 발달하였지. 절, 탑, 불상 등이 많이 만들어졌어.

고려 초기에는 호족들이 자신의 세력을 과시하기 위해 절을 세우고, 거대 불상을 만들었지. 그래서 논산 관촉사 석조 미륵보살 입상처럼 개성 넘치는 석불과 하남 하사창동 철조 석가여래 좌상과 같은 커다란 불상이 만들어졌어.

영주 부석사 소조 여래 좌상 높이가 2.78미터에 이르는 불상으로 고려 초기에 제작된 것으로 보여.

논산 관촉사 석조 미륵보살 입상 충청남도 논산시 관촉사에 있는 석불로, 우리나라에서 제일 큰 불상이야.

하남 하사창동 철조 석가여래 좌상 높이가 약 3미터에 이를 정도로 거대한 초대형 불상으로 쇠로 만들어졌어.

감지금니대방광불화엄경보현행원품 금을 물감으로 사용하여 섬세하고 화려하게 그린 고려 불화야.

안동 봉정사 극락전(왼쪽)과
영주 부석사 무량수전(오른쪽)

안동 봉정사 극락전과 영주 부석사 무량수전, 예산 수덕사 대웅전은 고려 불교 건축에 아름다움과 우수성을 보여 주지. 영주 부석사 무량수전에는 소조 여래 좌상이 모셔져 있는데 이 역시 고려를 대표하는 불상 중 하나란다.

고려 시대에는 개성 넘치는 탑도 많이 만들어졌어. 고려 전기에 만들어진 평창 월정사 8각 9층 석탑과 원의 영향을 받아 고려 후기에 만들어진 개성 경천사지 10층 석탑이 대표적이지. 고려 후기에는 왕실과 귀족의 소장품으로 불화가 많이 그려졌는데, 섬세하고 아름다워 그 가치를 인정받고 있어.

평창 월정사 8각 9층 석탑 강원도 평창군 월정사에 있는 팔각 모양의 구층 석탑으로 당시 화려하고 귀족적인 불교 문화를 잘 보여 주고 있어.

개성 경천사지 10층 석탑 대리석으로 만들었으며 원의 영향을 받은 것으로 보여.

고려청자 ★ 독자적인 기법의 청자를 만들다

고려청자는 고려 시대를 대표하는 예술품이란다. 청자 제작 기술은 중국으로부터 전해졌지만 고려 사람들은 대대로 내려온 뛰어난 도예 기술을 바탕으로 중국보다 맑고 투명한 비취색을 띤 청자를 만들었지. 나아가 고려 사람들은 고려만의 독창적인 상감 기법을 사용하여 **상감 청자**를 만들었어. 도자기 표면에 여러 가지 무늬를 새기고, 그 속에 다른 색의 흙을 채워 색과 모양을 내는 걸 상감 기법이라고 해.

고려 지배층은 찻잔, 주전자, 접시, 화병뿐만 아니라 연적, 벼루, 의자, 베개, 기와 같은 생활용품까지 청자로 만들어 사용했어. 당시 지배층이 얼마나 화려한 생활을 했는지 짐작해 볼 수 있지.

청자 상감 모란 구름 학 무늬 베개
여섯 개의 판을 붙여 만든 고려 청자 베개로 구름과 학을 상감해 매우 세련되게 만들었어.

청자 참외 모양 병 고려청자의 대표적인 작품으로 몸통은 참외 모양이고 입구는 여덟 잎의 꽃 모양으로 벌어져 있어. 옅은 녹색이 감도는 듯한 비색과 단아한 모습이 무척 아름다운 청자야.

고려청자의 빛깔이 참 신비하지?

청자 투각 칠보문 뚜껑 향로 향이 빠져나가는 뚜껑과 향을 태우는 몸통, 그리고 받침으로 이루어져 있어. 세 마리 토끼가 받치고 있는 향로는 연꽃으로 덮여 있지. 뚜껑은 둥근 공 모양으로 기하학무늬(칠보문)를 조각했어.

청자 모자 원숭이 연적 먹을 갈 때 사용하는 물을 담아 두는 연적이야. 어미 원숭이와 보채는 새끼의 모습을 재미있게 묘사했어.

청자 상감 운학문 매병 학과 구름무늬를 새긴 길쭉한 형태의 그릇이야. 고려 상감 청자의 대표적인 유물이지.

고려의 **나전 칠기**도 정교하기로 유명했어. 나전 칠기는 목제품의 표면에 옻칠을 하고, 그 위에 잘게 썬 조개껍데기를 여러 가지 형태로 오려 붙이는 공예야. 고려의 나전 칠기는 세계 최고 수준으로 고려의 주요 수출품이기도 했지.

나전 칠기로 만든 염주함 세밀하고 정교한 무늬를 통해 고려의 수준 높은 공예 기술을 알 수 있어.

인쇄술의 발달 ★금속 활자를 만들다

불교가 발달하자 불경 간행도 많아졌지. 그러다 보니 **인쇄술**이 발달했어. 처음에는 목판으로 인쇄를 했어. 나무로 일정한 크기의 판을 만들고 여기에 글자를 좌우로 뒤집어 새긴 다음, 먹물을 묻혀 종이에 찍어 냈지. 요즈음 도장을 만드는 방법과 비슷한 원리야. 지금 생각하면 그리 어려운 일이 아닌 것 같지만, 목판 인쇄는 대단한 발명이었어. 목판 인쇄가 발명되기 전에는 사람이 직접 손으로 글자를 써서 책을 만들었거든. 시간도 오래 걸리고 많이 만들 수도 없었지. 그런데 목판 인쇄가 발명되면서 글자를 한 번 새기면 여러 번 찍을 수 있었던 거야.

무구정광대다라니경 불국사 3층 석탑에서 발견된 불경의 목판 인쇄본이야. 너비 약 8센티미터, 길이 약 6.2미터 가량의 두루마리 형태로 닥나무 종이로 제작되었지. 현존하는 가장 오래된 목판 인쇄물이야.

경주 불국사 3층 석탑에서 발견된 무구정광대다라니경은 현존하는 가장 오래된 목판 인쇄물로 통일 신라 시대에 제작되었어. 신라의 인쇄술을 이어받아 고려 시대에 더욱 발전시킨 거지.

> 고려 시대에 국가적으로 대장경을 만들고 불교 서적을 간행하면서 인쇄술이 크게 발달했어.

고려에서는 거란이 침입했을 때 부처의 힘으로 거란을 물리치고자 대장경을 만들었어. 처음으로 만든 대장경을 '초조대장경'이라고 해. 그런데 몽골 침입 때 불타 버리고 말았어. 그러자 다시 한번 부처님의 힘을 빌려 몽골을 물리치고자 **팔만대장경**을 만들었지.

팔만대장경은 목판만 무려 8만 1528장에 이르고, 새겨진 글자는 5200만 자가 넘을 정도로 어마어마한 규모를 자랑해. 더 대단한 것은 마치 한 사람이 새긴 것처럼 글자의 모양이 일정하고 틀린 글자를 거의 찾아볼 수 없다는 사실이야. 한 글자를 새길 때마다 세 번씩 절을 했다고 하니 그 정성이 얼마나 대단했는지 알 수 있겠지? 이처럼 팔만대장경은 고려의 뛰어난 목판 인쇄술을 잘 보여 준단다.

팔만대장경판을 만드는 과정

① 단단한 나무를 잘라 바닷물에 담갔다가, 소금물에 삶아 바람에 잘 말려 경판으로 쓰일 수 있도록 다듬는다.

② 문인과 관료들이 고증하여 원고를 만들고 인쇄할 글자를 종이에 쓴다.

③ 인쇄할 글자를 쓴 종이를 경판 위에 뒤집어 붙이고 글자의 모양대로 하나하나 새긴다.

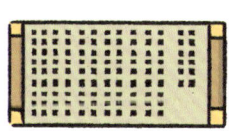

④ 경판끼리 서로 부딪히는 것을 막고 바람을 잘 통하게 하기 위해 경판 양쪽 끝에 두꺼운 각목을 붙인 뒤 네 모서리에 구리판을 붙인다.

⑤ 목판에 먹물을 고루 칠한 다음 목판 위에 종이를 놓고 고루 문질러 찍어 낸다.

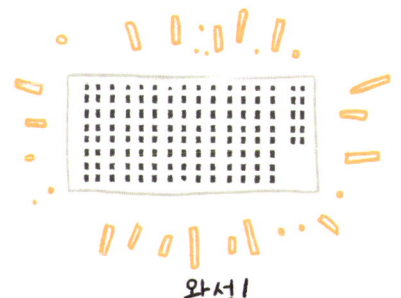

완성!

팔만대장경 목판 고려 사람들은 위태로운 나라를 구할 수 있다는 믿음으로 부처의 가르침이 담긴 불교 경전을 종합한 대장경을 만들었어.

합천 해인사 장경판전 팔만대장경을 보관하는 건물로, 해인사에 있어. 전체적으로 긴 네모 형태로 배치되어 있어.

아직도 잘 보관되고 있다니, 정말 놀라워!

★ 큰별쌤 별별 정보 ★

나무로 만들어진 목판은 잘 보관하지 않으면 뒤틀어져서 다시는 인쇄를 할 수 없어. 그래서 조선 시대에 경상남도 합천에 있는 해인사에 목판 보관용 건축물인 장경판전을 만들었지. 장경판전은 습기와 해충으로 경판이 손상되는 것을 막을 수 있게 설계되었어. 장경판전에 보관한 팔만대장경은 800년 가까이 지난 지금도 아무 탈 없이 보존되고 있다고 해. 이러한 우수성을 인정받아 장경판전은 1995년에 유네스코 세계 유산으로 지정되었어.

목판 인쇄가 대단한 발명이긴 했지만, 목판은 글자를 새기는 과정이 복잡하고 글자를 새기다가 틀리면 고치기도 어려웠지. 또 보관도 쉽지 않았어. 게다가 목판은 한 번 새기면 그 책만 찍어 낼 수 있었어.

이런 단점을 보완해서 고려는 세계 최초로 **금속 활자**를 발명하였어. 금속 활자를 이용하는 활판 인쇄는 목판처럼 하나의 판에 여러 글자를 한꺼번에 새기는 방식이 아니라 금속으로 만든 활자를 하나하나 모아서 판을 짜는 방식이야. 활판 인쇄는 글자가 틀리면 틀린 글자만 다시 바꿔서 찍을 수 있고, 만들어 놓은 글자를 다시 조판해서 다른 책을 찍을 수도 있단다.

현존하는 세계에서 가장 오래된 금속 활자 인쇄물은 1377년에 청주 흥덕사에서 인쇄된 **직지심체요절**이야. 독일의 구텐베르크가 금속 활자로 찍은 성경보다 70여 년이나 앞선 금속 활자본이지.

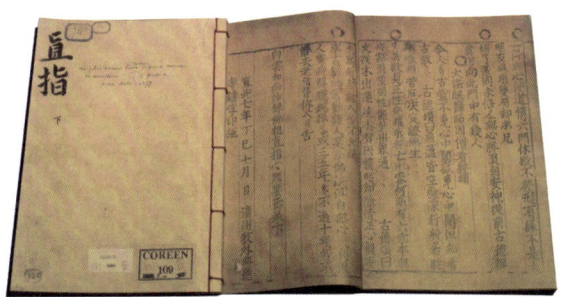

직지심체요절 고려의 승려 백운 화상이 석가모니의 직지인심견성성불의 뜻을 중요한 대목만 뽑아 해설한 책이야. 직지심체요절은 대한 제국 시기 프랑스 공사로 우리나라에 온 콜랭드 플랑시가 구입해 프랑스로 가지고 갔어. 프랑스 국립 도서관에 보관되어 있던 직지심체요절을 우리나라 박병선 박사가 발견하여 세계 최초의 금속 활자본임을 증명하였고, 유네스코 세계 기록 유산으로 등재되었지.

금속 활자 '복' 자가 새겨진 고려 시대 금속 활자야.

고려의 과학 기술 발전은 인쇄술뿐만이 아니었어. 최무선은 화약 제조법을 알아내기 위해 20여 년 동안 연구했고 마침내 화약과 화포를 개발했지. 최무선은 고려 말 왜구가 침입하자 화포를 이용해 진포에 침입한 왜구를 크게 무찔렀지. 이러한 화약 제조 기술은 조선 시대까지 이어졌단다.

큰★별쌤 한판 정리

불교 문화

승려	불상	불탑	사찰

의천 ─ 천태종
└ 교+선
	· 하남 하사창동
	  철조 석가여래 좌상
	· 논산 관촉사
	  석조 미륵보살 입상
	· 영주 부석사
	  소조 여래 좌상
		평창 월정사
		8각 9층 석탑	

1170 ───────			

지눌 ─ 조계종
├ 선+교
└ 결사
	불화 ↑	개성 경천사지
		10층 석탑
		└ 원 영향
			· 안동 봉정사
			  극락전
			· 영주 부석사
			  무량수전
			· 예산 수덕사
			  대웅전

고려는 불교 문화가 발달했다는 것을 잊지 말자.

불교 발전 고려는 국가의 지원 속에 불교가 크게 발전하였고 뛰어난 승려를 많이 배출하였어.

의천 의천은 불교의 여러 종파를 통합하고자 노력하였고 화폐를 만들어 사용할 것을 주장하였어.

지눌 지눌은 불교의 세속화를 비판하고 불교 개혁 운동을 펼치기도 했어.

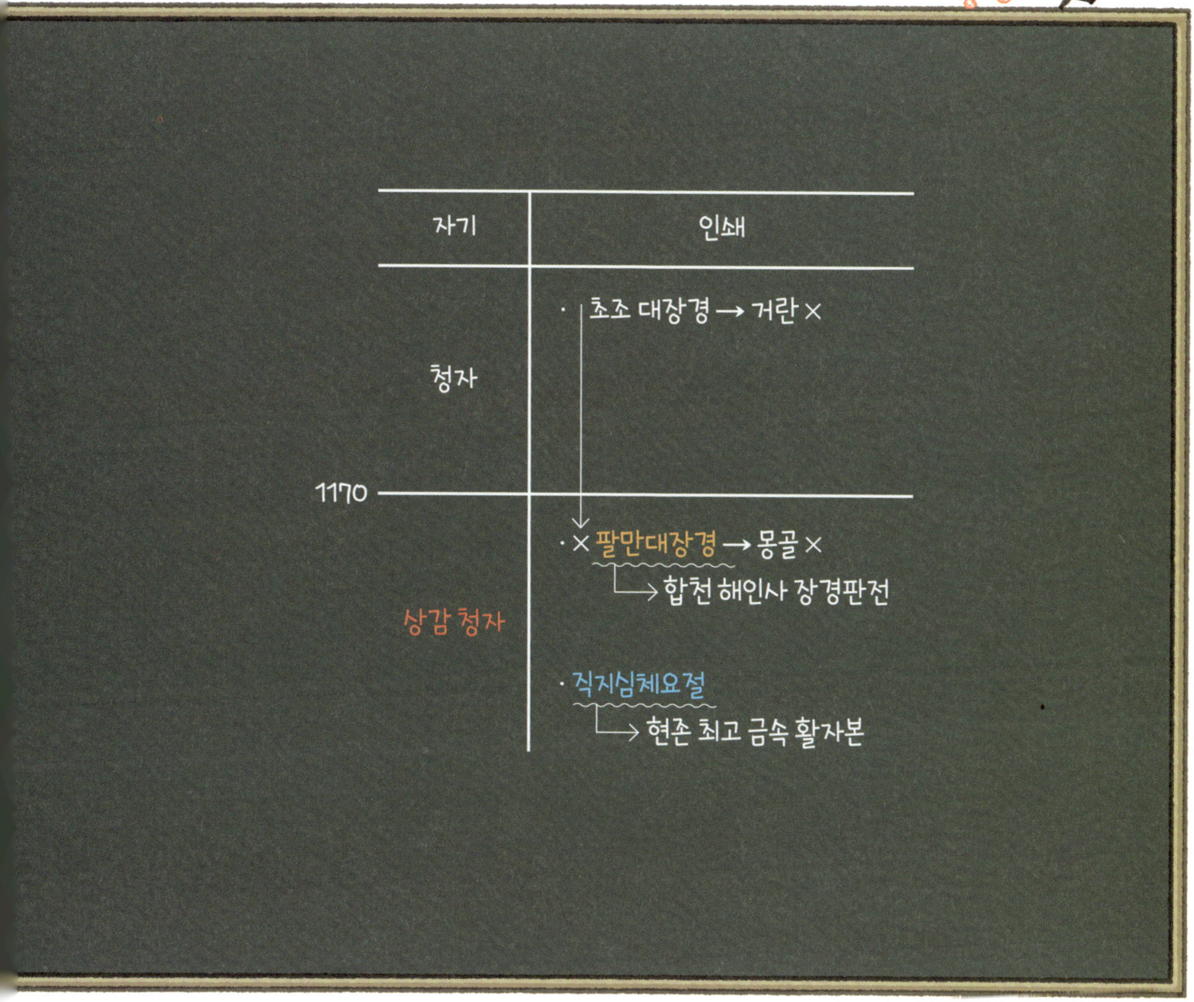

	자기	인쇄
	청자	• 초조 대장경 → 거란 X
1170		
	상감 청자	• X 팔만대장경 → 몽골 X 　　↳ 합천 해인사 장경판전 • 직지심체요절 　　↳ 현존 최고 금속 활자본

상감 청자 고려는 뛰어난 도예 기술로 높은 수준의 청자를 만들었어. 그리고 독창적인 상감 기법을 사용하여 상감 청자를 만들었어.

목판 인쇄 거란이 침입했을 때 부처님의 힘으로 거란을 물리치고자 조조대장경을 제작했으나 몽골 침입 때 불타 버렸어. 그러자 다시 한번 팔만대장경을 만들었지.

금속 활자 고려는 금속 활자를 발명했는데, 직지심체요절은 현재 남아 있는 세계에서 가장 오래된 금속 활자본이야.

큰★별쌤 별별 퀴즈

1. ★ 안에 들어갈 알맞은 말을 써 볼까요?

- 대각 국사 ★★ 은 금속 화폐를 만들어 사용할 것을 주장하였다.

- 보조 국사 ★★ 은 세속화된 불교의 개혁 운동을 펼쳤다.

- ★★★ 은 화포를 이용하여 진포에서 왜구를 크게 무찔렀다.

2. 큰★별쌤이 설명하고 있는 것은 무엇일까요?

그릇 표면에 무늬를 새기고 그 안을 백토나 흑토로 채우는 기법을 이용해 만든 자기를 뭐라고 할까?

배운 거 같긴 한데……

① 백자　　② 분청사기　　③ 상감 청자　　④ 청화 백자

3. 다음 문장이 맞으면 O, 틀리면 X에 동그라미를 그려 볼까요?

- 고려 시대에는 불교가 문화의 중심을 이루며 불교 예술이 발달하였다.

- 고려는 여진의 침입을 이겨 내기 위해 팔만대장경을 만들었다.

- 직지심체요절은 현재 전하는 세계에서 가장 오래된 금속 활자 인쇄본이다.

4. 문화유산의 이름을 찾아 선으로 연결해 볼까요?

| 청자 투각 칠보문 뚜껑 향로 | 평창 월정사 8각 9층 석탑 | 개성 경천사지 10층 석탑 | 하남 하사창동 철조 석가여래 좌상 |

101

큰★별쌤 별별 특강

따뜻한 겨울을 선물한 문익점

날씨가 추워지면 제일 먼저 따뜻한 옷을 꺼내 입지?

고려 시대 사람들은 추운 겨울에 어떤 옷을 입었을까? 고려의 지배층은 비단옷이나 가죽옷을 입었어. 하지만 그런 옷들은 너무 비쌌기 때문에 일반 백성들은 입을 수 없었단다. 그래서 백성들은 쉽게 구할 수 있는 거친 삼베옷을 입었어. 삼에서 뽑아낸 실로 만든 삼베옷은 바람이 잘 통해 여름에 입기에는 적당했지만 매서운 겨울바람을 막아 주지는 못했어. 한겨울 추위에 떨던 고려 백성들에게 따뜻한 옷감을 선물한 사람이 문익점이야.

문익점은 고려 충숙왕 때 농사꾼의 아들로 태어났어. 어렸을 때부터 총명했던 문익점은 열심히 공부하여 일찍이 과거에 급제했지. 나라의 관리가 되어 외교 사절로 원에 갔을 때 문익점은 목화를 처음 보았어. 목화꽃이 지고 열리는 열매가 터지면 하얗고 포근한 솜이 가득했지. 원 사람들은 그 솜에서 실을 뽑아 옷감을 만들어 입고 따뜻하게 겨울을 지냈어. 이 모습을 본 문익점은 힘겹게 추운 겨울을 보내는 고려의 백성들을 떠올렸어. 그래서 문익점은 고려로 돌아올 때 목화씨를 가지고 왔단다.

문익점은 벼슬에서 물러나 장인인 정천익과 함께 고향인 경상남도 산청에서 목화 재배를 시도했어. 하지만 풍토가 다른 우리나라에서 목화를 재배하는 일은 쉬운 일이 아니었지. 또 목화를 재배하는 방법을 정확히 알지 못해 처음에는 겨우 한 그루만 살릴 수 있었어. 하지만 포기하지 않고 한 그루 목화에서 얻은 목화씨를 다시 심어 3년 만에 마침내 목화 재배에 성공할 수 있었단다.

겨우 목화 재배에는 성공했지만 문익점과 정천익은 목화에서 어떻게 씨를 제거하고 실을 뽑아야 하는지 몰랐어. 그러던 어느 날 정천익의 집에 원의 승려 홍원이 찾아와 머물렀는데, 그때 문익점은 홍원에게 목화씨 빼는 기구인 씨아와 솜에서 실을 뽑는 기구인 물레 만드는 법을 배울 수 있었지.

　이후 목화는 전국에서 재배되었고, 목화에서 얻은 솜으로 따뜻하고 포근한 무명 옷감을 짤 수 있었어. 문익점의 노력 덕분에 고려 백성들도 따뜻한 옷을 입고 겨울을 보낼 수 있게 되었단다.

도전! 한국사능력검정시험

★ 초급 44회 15번

1. (가)에 해당하는 탑으로 옳은 것은?

○○신문
제△△호   2019년 ○○월 ○○일

우리 품에 돌아온 문화재
(가) 기념 메달 출시

한국조폐공사는 국보 제86호인 (가) 을 기념하는 메달을 출시했다. 이 탑은 고려 시대 원나라 탑 양식의 영향을 받아 대리석으로 제작되었다. 1907년 일본으로 무단 반출되었다가 10여년 만에 반환되었다. 현재는 국립 중앙 박물관에 전시되어 있다.

① 감은사지 3층 석탑

② 경천사지 10층 석탑

③ 월정사 8각 9층 석탑

④ 화엄사 사사자 3층 석탑

★ 초급 45회 12번

2. (가)에 들어갈 인물로 옳은 것은?

① 의천   ② 혜초   ③ 원효   ④ 묘청

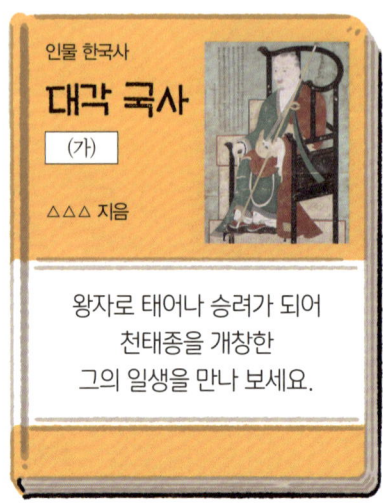

인물 한국사
대각 국사
(가)
△△△ 지음

왕자로 태어나 승려가 되어 천태종을 개창한 그의 일생을 만나 보세요.

★ 초급 45회 17번

3. (가)에 들어갈 문화유산으로 옳은 것은?

① 삼국사기
② 팔만대장경
③ 직지심체요절
④ 월인천강지곡

글씨가 새겨진 목판에 먹물을 바르고 종이를 덮어 톡톡 두드리니 글씨가 찍혀 나와요.

우리가 찍어 내고 있는 것은 (가) 내용의 한 부분이에요. (가) 은/는 고려 시대에 부처의 힘으로 몽골의 침략을 물리치려는 마음을 담아 만들어진 것입니다.

★★★ 기본 48회 12번

4. (가)에 들어갈 문화유산으로 옳은 것은?

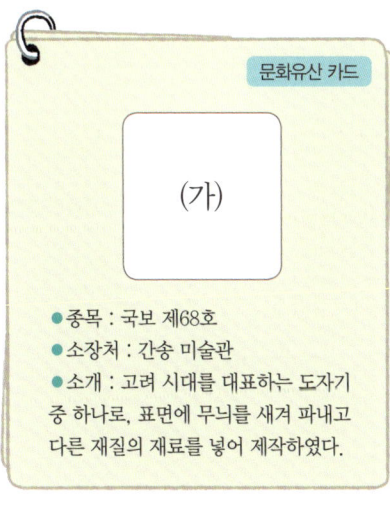

문화유산 카드
(가)
● 종목 : 국보 제68호
● 소장처 : 간송 미술관
● 소개 : 고려 시대를 대표하는 도자기 중 하나로, 표면에 무늬를 새겨 파내고 다른 재질의 재료를 넣어 제작하였다.

① 분청사기 철화 어문 항아리　② 백자 철화 끈무늬 병

③ 청자 상감 운학문 매병　④ 청자 참외 모양 병

1

24-25p 큰★별쌤 별별 퀴즈

1. 호족 / 궁예 / 고려
2.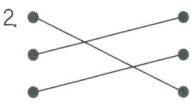
3. ②

28-29p 도전! 한국사능력검정시험

1. 초급 44회 13번 ①
2. 초급 46회 9번 ②
3. 기본 47회 10번 ①
4. 기본 48회 11번 ①

2

42-43p 큰★별쌤 별별 퀴즈

1. 천리 / 별무반 / 묘청
2.
3. ○ ○ ○
4. ④

46-47p 도전! 한국사능력검정시험

1. 초급 38회 15번 ③
2. 초급 44회 14번 ③
3. 초급 46회 12번 ①
4. 기본 47회 15번 ②

3

64-65p 큰★별쌤 별별 퀴즈

1. 무신 / 강화 / 초조 / 권문세족
2. ③
3.
4. ②

68-69p 도전! 한국사능력검정시험

1. 초급 43회 13번 ④
2. 초급 45회 13번 ③
3. 초급 46회 13번 ③
4. 기본 48회 14번 ②

4

80-81p 큰★별쌤 별별 퀴즈

1. 코리아(꼬레아) / 벽란도 / 건원중보
2. ①
3. × ○ ○
4. ④

84-85p 도전! 한국사능력검정시험

1. 초급 41회 11번 ④
2. 초급 42회 13번 ④
3. 기본 47회 14번 ①
4. 기본 50회 14번 ①

5

100-101p 큰★별쌤 별별 퀴즈

1. 의천 / 지눌 / 최무선
2. ③
3. ○ × ○
4.

104-105p 도전! 한국사능력검정시험

1. 초급 44회 15번 ②
2. 초급 45회 12번 ①
3. 초급 45회 17번 ②
4. 기본 48회 12번 ③

찾아보기

ㄱ
강감찬 33, 50
강동 6주 32, 45
건원중보 75
견훤 14, 16, 27
고려의 건국 11, 16
고려청자 92
공민왕 58, 60-61, 66-67
공음전 35
과거제 20, 34
광종 20, 34
궁예 14
권문세족 59-60
금속 활자 94, 97

ㄴ, ㄷ
나전 칠기 72, 93
노비안검법 20

동북 9성 36

ㅁ
만적의 봉기 52
망이·망소이의 봉기 52
몽골 49, 54-58, 60, 95
묘청 38-39, 50
무신 정변 50-51
문벌 34-35, 38-39, 49-50
문익점 102-103

ㅂ
반원 자주 정책 60, 66-67
벽란도 74
별무반 36

ㅅ
삼별초 56-57
상감 청자 87, 92
서경 18, 38-39, 50

서희 32, 44-45
성종 20, 75
소손녕 32, 44-45
시무 10조 13, 26
시무 28조 21
신진 사대부 38, 60

ㅇ
왕건 14, 16, 18, 20, 27
윤관 36
음서제 34-35, 77
의천 88
이자겸 38-39
이자겸의 난 39

ㅈ, ㅊ
정동행성 58-59
지눌 89
직지심체요절 97

처인성 전투 55
천리장성 32-33
최승로 21
최승우 26-27
최언위 26-27
최치원 13, 26-27

ㅍ, ㅎ
팔만대장경 55, 95-96

해동통보 75
호족 12
후고구려 14
후백제 14, 27
훈요십조 19

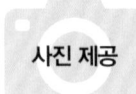

사진 제공

국립중앙박물관
최치원 초상 · 13
은제도금화형탁잔, 청자 기와 · 35
수박희 · 51
영호루 현판 글씨 탁본 · 61
거란의 글씨가 새겨진 청동 거울 · 73
'황비창천' 글자가 새겨진 청동 거울 · 74
건원중보 · 75
해동통보 · 75
하남 하사창동 철조 석가여래 좌상 · 90
개성 경천사지 10층 석탑 · 91
청자 참외 모양 병, 청자 상감 모란 구름 학 무늬 베개 · 92
청자 투각 칠보문 뚜껑 향로, 나전 칠기로 만든 염주함 · 93
금속 활자 · 97
백자 철화 끈무늬 병, 분청사기 철화 어문 항아리 · 105

간송미술관
청자 오리 모양 연적 · 35
청자 모자 원숭이 연적, 청자 상감 운학문 매병 · 93

강화역사박물관
팔만대장경 목판 · 96

경기도박물관
공민왕과 노국 대장 공주 초상 · 66

게티이미지코리아
태조 왕건 동상 · 18

문화재청
통도사 장생표 · 88
보조 국사 지눌 · 89
영주 부석사 소조 여래 좌상 · 90
합천 해인사 장경판전 · 96
감은사지 3층 석탑, 화엄사 사사자 3층 석탑 · 104

한국민족문화대백과사전
대각 국사 의천 · 88

헬로포토
강감찬 장군 동상 · 33
서희 동상 · 46
개태사의 무쇠솥 · 89
논산 관촉사 석조 미륵보살 입상 · 90
무구정광대다라니경 · 94
직지심체요절 · 97

호림박물관
감지금니대방광불화엄경보현행원품 · 90

wikipedia
개성 현릉 · 28
척경입비도 · 37
이조년 초상 · 59
청명상하도 · 73

* 이 책에 수록된 사진은 박물관과 저작권자의 허가를 받아 사용했습니다.
* 이 책에 수록된 사진 중 출처가 불명확하여 허가를 받지 못한 일부 사진에 대해서는 저작권자가 확인되는 대로 게재 허락을 받고 사용료를 지불하겠습니다.